rororo sport
Herausgegeben von Bernd Gottwald

Training · Technik · Taktik

HANS WERNER NIESNER
JÜRGEN H. RANZMAYER

BADMINTON

Fotos von Horst Lichte

Rowohlt

Originalausgabe

Veröffentlicht im Rowohlt Taschenbuch Verlag GmbH,
Reinbek bei Hamburg, September 1980
Copyright © 1980 Text und Abbildungen
by Rowohlt Taschenbuch Verlag GmbH, Reinbek bei Hamburg
Alle Rechte vorbehalten
Lektorat Burghard König
Umschlaggestaltung Peter Wippermann/Sebastian Raulf
(Foto: Detlev Hainski)
Redaktionsassistenz und Layout Angelika Weinert
Graphik Karin Kasdorf
Satz Times (Linotron 404)
Gesamtherstellung Clausen & Bosse, Leck
Printed in Germany
1290-ISBN 3 499 17042 6

68.–70. Tausend April 1995

Inhalt

Einführung   9

Grundlagen   11
Zur Geschichte des Badminton   11
Badminton – ein Sport für jedermann   13
Spielidee   14
Spielfeld   14
Spielgerät und Ausrüstung   16

Einführung in die Trainingslehre   21
Was ist Training?   21
Bestandteile der sportlichen Leistung   22
Trainingsprinzipien   22
   Trainingsperiodisierung   24
   Allgemeine und spezielle Ausbildung   26
   Aufbau einer Trainingseinheit   26
   Einschlagen   27

Technik   29
Grundlagen   29
   Technik als leistungsbestimmender Faktor   29
   Das Verhältnis von Schlag- zu Lauftechnik   30

Anatomische Zusammenhänge   30
Physiologische und biomechanische Grundlagen   33
Schleife   34
Schlägerhaltung   36
Universalgriff   37
Grundstellung   39
Treffbereiche   41
Hinweise zur Technikvermittlung   42
Aufschlagtechnik   45
Hoher Aufschlag   45
Kurzer Aufschlag   47
Swip-Aufschlag   48
Schlagtechnik   48
Vorhand-Überkopfschlag aus dem Stemmschritt   50
Vorhand-Überhandschlag   53
Vorhandschlag links vom Kopf mit Umsprung nach links   56
Rückhand-Überhandschlag   58
Vorhand-Unterhandschlag   60
Rückhand-Unterhandschlag   62
Drive   64
Spiel am Netz   66
Schneiden   71
Abwehr   72
Tarnung und Täuschung   75
Lauftechnik   76
Die zentrale Position   77
Der Lauf zum Netz und zurück   78
Der Lauf zu den Seitenlinien und zurück   80
Der Lauf zur Grundlinie und zurück   82
Der Sprung in die Höhe   89
Techniktraining   91
Das Techniktraining als motorischer Lernprozeß   91
Zur Methodik der Technikschulung   93
Ballgewöhnungs- und Geschicklichkeitsübungen   95
Methodische Reihen zum Erlernen der grundlegenden
Schlag- und Lauftechnik   95
Zur Schulung der komplexen Spielfähigkeit   106
Trainingsformen für Fortgeschrittene und Spitzenspieler   107

Taktik 115
Grundlagen 115
  Taktik als leistungsbestimmender Faktor 115
  Voraussetzungen des taktischen Handelns 116
  Die Phasen der taktischen Handlung 116
  Zur Methodik der Taktikschulung 117
  Die Erstellung des taktischen Konzepts 118
  Taktische Merksätze 118
Taktik des Einzelspiels 119
  Einzeltaktik für Anfänger 120
  Einzeltaktik für Fortgeschrittene und Spitzenspieler 120
Taktik des Doppelspiels 121
  Aufschlag und Aufschlagannahme 123
  Angriff 125
  Abwehr 126
  Wechsel von der Abwehr in den Angriff 127
  Wechsel vom Angriff in die Abwehr 128
  Diagonaler Wechsel im Angriff 129
  Zur Taktik des Damen-Doppels 130
Taktik des Gemischten Doppels 130
  Aufschlag und Aufschlagannahme 130
  Spielverlauf 132

Kondition 135
Grundlagen 135
  Komponenten der körperlichen Kondition 135
  Zur Methodik des Konditionstrainings 137
  Allgemeine und spezielle Kondition 139
Die badmintonspezifische Kondition 140
Training der badmintonspezifischen Kondition 144
  Zur Auswahl der Übungen 144
  Dauerlauf 145
  Circuittraining 147
  Seilspringen 152
  Lauftraining auf dem Spielfeld 153
  Komplextraining für Fortgeschrittene und Spitzenspieler 156

Anhang   169
Die Spielregeln des Deutschen Badminton-Verbandes   169
Anschriften des DBV und ÖBV   181
Literaturhinweise   183
Über die Verfasser   185
Sachregister   186

Zeichenerklärung   192

Einführung

Das Sportspiel Badminton durchläuft seit einigen Jahren eine stürmische Aufwärtsentwicklung, die es aus seinem ‹Mauerblümchen-Dasein› als wenig beachteter Minderheitensport gerissen und in eine von vielen Millionen betriebene Weltsportart verwandelt hat. Auch in der Bundesrepublik zeugen ständig steigende Mitgliederzahlen der Landesverbände und Vereine von der zunehmenden Popularität dieses schnellen Rückschlagspiels bei Jung und Alt, Leistungs- und Fitnesssportlern; im Sportbetrieb der Schulen und Universitäten hat sich Badminton bereits einen festen Platz gesichert.

Hand in Hand mit dieser erfreulichen Entwicklung geht in vielen Bereichen der Trainingstheorie und -praxis ein Umdenken bei Spielern und Trainern. Im Rahmen dieser Neuorientierung stützte man sich zunächst auf Erfahrungen, die vor allem in Indonesien und China in jahrelanger praktischer Arbeit gesammelt worden waren. In jüngster Zeit tritt an die Stelle der passiven Rezeption eine aktive Weiter- und Neuentwicklung, wobei man sich vor allem die Erkenntnisse der Biomechanik, der Bewegungs- und Trainingslehre zunutze macht. Dieses neue Wissen ist aber noch nicht Allgemeingut geworden, da es bisher an einer umfassenden Darstellung seiner Auswirkungen auf Technik, Taktik und Kondition im Bereich des Badmintonsports fehlte.

Das vorliegende Buch versucht, diese Lücke zu schließen. Ziel der Autoren ist es, dem Trainer und auch dem aktiven Spieler aktuelle Unterlagen für das Training in Verein und Schule zur Verfügung zu stellen. Obwohl die Leistungen der Weltklasse als Vorbild und Maßstab herangezogen werden, trachteten die Autoren, den unterschiedlichen Ansprüchen des Anfängers, Fortgeschrittenen und Spitzenspielers durch entsprechende Trainingsbeispiele und Hinweise Rechnung zu tragen.

Das Buch geht bei Bewegungsbeschreibungen, taktischen Anweisungen und Darstellungen grundsätzlich von Rechtshändern aus. Aus Platzgründen wird bei Ausdrücken wie «Spieler», «Übender» usw. nur die männliche Form verwendet; sie ist im Bedarfsfall also durch «Spielerin» usw. zu ersetzen.

Die Autoren möchten sich abschließend bei allen bedanken, die an der Entstehung dieses Buches mitgewirkt haben. Hans Werner Niesner bedankt sich speziell bei Maurice Robinson, dessen Sachkenntnis, Enthusiasmus und Geduld ihm den Sprung zum Spitzenspieler ermöglichten und den Weg als Trainer ebneten. Jürgen H. Ranzmayer möchte auf diese Weise allen Spielern im Fernen Osten danken, die ihm mit ihrer Einsatzfreude, ihrem Trainingseifer und ihrem schnellen, aggressiven Spiel völlig neue Dimensionen eröffneten.

Grundlagen

Zur Geschichte des Badminton

Badminton in seiner heute üblichen Form blickt auf eine hundertjährige Geschichte zurück. In den alten Hochkulturen Ostasiens und im Mexiko der Azteken existierten jedoch ähnliche Spiele; in Europa zählte das Spiel mit dem «Volant» zu den beliebtesten Freizeitvergnügungen des höfischen Adels der Barockzeit. So galten Königin Christine von Schweden und Friedrich Wilhelm von Preußen bei ihren Zeitgenossen als Meister des Spiels mit dem gefiederten Ball. Die wirtschaftlichen und sozialen Umwälzungen des späten 18. und frühen 19. Jahrhunderts versetzten dem Pomp und Prunk der höfischen Kultur den Todesstoß; das Federballspiel teilte dieses Schicksal und geriet in Vergessenheit.

Es mag als Ironie der Geschichte erscheinen, daß gerade ein Adeliger entscheidende ‹Hebammendienste› bei der Wiedergeburt des Spiels mit Federball und Schläger leistete: Schauplatz der ersten Partien war nämlich der Landsitz des Herzogs von Beaufort in der englischen Grafschaft Gloucestershire. Über die Urheberschaft und das genaue Datum des Spiels liegen unterschiedliche Angaben vor; sicher ist jedenfalls, daß Badminton spätestens im Jahr 1870 das Licht der Welt erblickte. Ungeklärt ist jedoch, ab wann der neue Sport allgemein unter dem Namen «Badminton» bekannt wurde. Der Name selbst leitet sich von dem adeligen Geburtsort ab, denn der Landsitz des Herzogs von Beaufort heißt Badminton House.

Aus dem heiteren Partyspiel entwickelte sich ein sportlicher Wett-kampf, der aber auf die englische Oberschicht beschränkt blieb. 1893 kam es zur Gründung des englischen Badminton-Verbandes. 1899 wurden die ersten All England Championships ausgetragen. Nach dem Ersten Weltkrieg fand Badminton vor allem in den englischen Kolonien Verbreitung; 1934 schlossen sich neun Verbände, darunter die von England, Irland, Schottland, Wales, Kanada und Neuseeland, zur International Badminton Federation (IBF) zusammen.

Den Durchbruch zur Weltsportart schaffte Badminton aber erst nach 1945. Der Krieg hatte in England zur völligen Einstellung des Sport-betriebs geführt; andererseits legten nach seiner Beendigung englische Besatzungstruppen in vielen Ländern den Grundstein für die Populari-sierung des Badmintonspiels. Zunächst setzten die Dänen und Schwe-den der traditionellen Vorherrschaft der Engländer ein Ende; aber noch in den späten vierziger Jahren erwuchsen den Nordländern in den Bad-mintonartisten aus Thailand und Malaya ebenbürtige Gegner.

Die Entwicklung eines preiswerten Kunststoffballs führte zur Verbrei-tung des Badmintonsports in Europa. Mit Indonesien und Japan hatten sich zwei neue ‹Großmächte› etabliert. Mitte der sechziger Jahre betrat dann auch die Volksrepublik China die Weltbühne und setzte die Fach-leute in Ost und West in Erstaunen: Die bis dahin völlig unbekannten Spieler aus dem Reich der Mitte ließen anläßlich einer Europatournee den skandinavischen Stars nicht die geringste Chance. Die Aufnahme Chinas in die IBF scheiterte jedoch an politischen Hindernissen, was dazu führte, daß die VR China und andere Verbände aus der Dritten Welt im Jahr 1978 einen zweiten Weltverband, die World Badminton Federation (WBF), gründeten. Nach längeren Verhandlungen erfolgte im Mai 1981 die Wiedervereinigung der rivalisierenden Verbände unter der Flagge der IBF. Am 5. Juni 1985 beschließt das IOC, Badminton ab 1992 in das olympische Programm aufzunehmen. 1979 führte die IBF den Status des «Lizenzspielers», das heißt des Professionals, ein und gestattete die Abhaltung «Offener» Turniere, an denen Amateure und Profis teilnehmen können. Weitere Meilensteine auf dem Weg zur pro-fessionellen Weltsportart waren die Dotierung der größeren Turniere mit Geldpreisen und die Einführung eines Grand Prix, der alle wichti-gen Veranstaltungen in Europa, Asien und Nordamerika umfaßt.

Badminton – ein Sport für jedermann

Badminton wird in über 80 Ländern gespielt und zählt damit zu den echten Weltsportarten. Die Zahl der aktiven Spieler läßt sich nicht genau angeben; Schätzungen gehen bis 180 Millionen. In den bevölkerungsreichen Staaten Asiens – China, Indonesien und Japan – gehört Badminton zu den Volkssportarten. In Europa wurde der Wettkampfsport Badminton lange Zeit vom Familienspiel Federball überschattet; Änderungen in den Freizeitgewohnheiten und ein gesteigertes Fitness-Bewußtsein leiteten vor einigen Jahren eine entscheidende Wende ein. Im Mutterland England, in Skandinavien, in den Niederlanden, aber auch in der Bundesrepublik verliert das rasante Rückschlagspiel zusehends den ‹Armeleutegeruch› des typischen Minderheitensports. Rapid ansteigende Vereins- und Mitgliederzahlen lassen erwarten, daß Badminton in die Fußstapfen von Tischtennis und Tennis tritt und die dritte große Racketsportart wird.

Gründe für die wachsende Popularität lassen sich unschwer finden. Das Hallenspiel Badminton macht von Wind und Wetter unabhängig; der Badminton-Enthusiast kann seinen Lieblingssport daher das ganze Jahr betreiben. Badminton ist außerdem wie kaum ein anderer Sport ein *Spiel für jedermann*: Faktoren wie Körpergröße oder Kraftniveau spielen keine entscheidende Rolle; Jugendliche und Erwachsene aller Altersstufen, Männer und Frauen, Eltern und Kinder können beim Badminton im Rahmen ihres persönlichen Leistungsvermögens Entspannung und Erholung finden. Die Spielidee ist unkompliziert, die technisch-taktischen Grundlagen sind rasch erlernt, und schon ist das erste Match in vollem Gange. Dem ambitionierten Spieler eröffnen sich auf Grund des leichten Spielgeräts – der Schläger wiegt nur wenig mehr als 100 Gramm und der Ball nicht mehr als ein normaler Brief (circa 5 Gramm) – unzählige Spielvariationen, die der Kreativität und Phantasie ein breites Betätigungsfeld bieten.

Auf der Stufe des Turnierspielers zählt Badminton zu den anspruchsvollsten Sportarten überhaupt – kein Wunder, wenn man bedenkt, daß der Federball den Schläger bei einem Smash mit einer Geschwindigkeit von über 300 km/h verläßt, Ballwechsel mit 20 Schlägen und mehr keine Seltenheit sind und sich ein Match über 90 Minuten erstrecken kann. In einer Zeit, in der Bewegungsmangel und Stress zu Hauptproblemen der Wettbewerbs- und Konsumgesellschaft geworden sind, muß der *gesundheitliche* Aspekt besonders hervorgehoben werden. Gerade auf diesem Sektor liegt die eigentliche Stärke des Badmintonspiels: Einerseits werden alle wichtigen Muskelgruppen und Gelenke beansprucht und somit Verschleißerscheinungen und vorzeitige Altersprozesse verhindert. Andererseits zählt Badminton zu den Ausdauersportarten und fördert bei regelmäßiger Betätigung besonders das Herz-Kreislauf-System. Diese Kombination aus gesundheitsförderndem Ausdauersport und freudbetontem Spiel macht Badminton zur idealen Lifetime-Sportart.

Ein kurzer Blick auf die finanzielle Seite zeigt, daß das Spiel mit dem gefiederten Ball zu den brieftaschenfreundlichen Freizeitbeschäftigungen gehört. Eine Grundausrüstung (Schläger und Bälle) gibt es schon für 70 Mark; wer jedoch Exklusivität sucht, wird sie finden. Beitritts- und Mitgliedsgebühren der Badmintonvereine und -abteilungen halten sich in einem akzeptablen Rahmen, für den Nachwuchs existieren zahlreiche Vergünstigungen. Kein Wunder also, daß der Slogan ‹I like Badminton› immer mehr sportbegeisterten Menschen den Weg zur sinnvollen Freizeitbeschäftigung weist.

Spielidee

Der Grundgedanke ist einfach: Der Federball wird von einem Spieler mit Hilfe des Schlägers über ein Netz in das gegenüberliegende Feld geschlagen und ist damit «im Spiel». Der Gegner versucht nun, den Ball zu erreichen und ihn zurückzuschlagen, ehe er den Boden berührt hat. Das erklärte Ziel beider Parteien ist es, den Gegner auszuspielen. Die besondere Faszination des Badmintonspiels liegt darin, daß man dieses Ziel mit vielfältigen Mitteln erreichen kann. Knallharte Schmetterschläge führen ebenso zum Punktgewinn wie millimetergenau über das Netz gespielte Drops; ein Match kann mit schnellem, kraftvollem Angriffsspiel ebenso gewonnen werden wie mit ideenreichen Plazierungen und Finten.

Spielfeld

Standardfeld ist das Doppelfeld, bei Platzmangel kann ausnahmsweise nur das Einzelfeld angelegt werden. Die Breite der Markierungslinien beträgt 4 cm. Die Netzpfosten werden auf den seitlichen Begrenzungs-

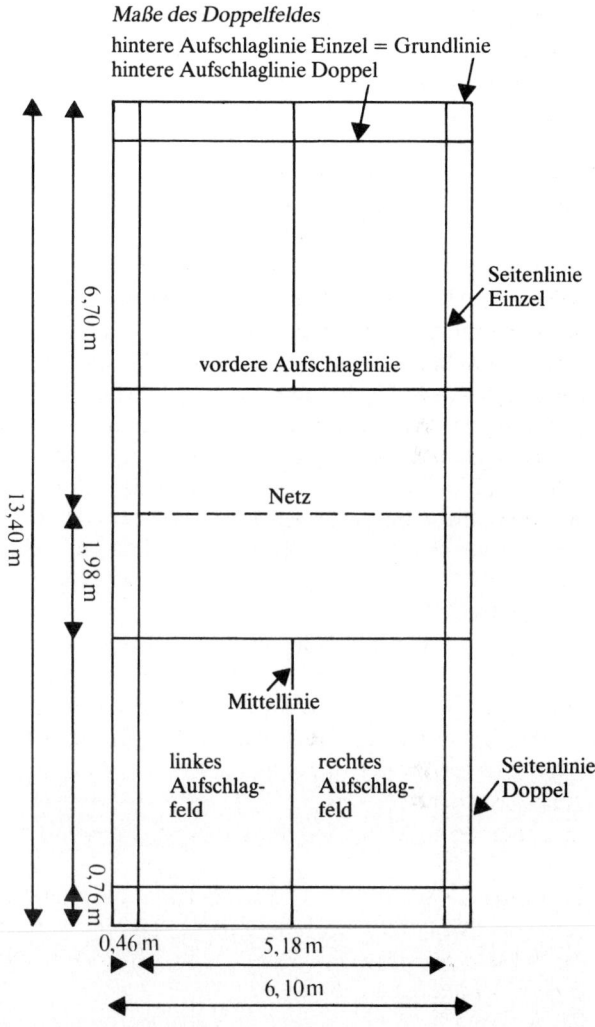

Maße des Doppelfeldes
hintere Aufschlaglinie Einzel = Grundlinie
hintere Aufschlaglinie Doppel

Seitenlinie
Einzel

vordere Aufschlaglinie

Netz

Mittellinie

linkes
Aufschlag-
feld

rechtes
Aufschlag-
feld

Seitenlinie
Doppel

6,70 m

13,40 m

1,98 m

0,76 m

0,46 m

5,18 m

6,10 m

linien des Doppelfeldes aufgestellt und sollten 1,55 m hoch sein. Das Netz wird von Pfosten zu Pfosten straff gespannt; seine Höhe beträgt in der Mitte 1,524 m und an den Pfosten 1,55 m. Es ist 75 cm tief und an der Oberkante mit einem weißen Band eingefaßt, dessen Breite auf jeder Seite 3,75 cm beträgt. Die Hallenhöhe muß bei internationalen Spielen mindestens 9 m erreichen.

Spielgerät und Ausrüstung

Badmintonrahmen

Seit 1984 sind Form und Maße des Schlägers durch die Spielregeln normiert; allerdings vollzog die IBF damit nur jene Entwicklung nach, die in der Praxis schon lange zu einer Standardisierung des Angebots geführt hatte. Allerdings weisen die angebotenen Rahmen zum Teil beachtliche Unterschiede in ihren Spieleigenschaften auf; diese sind vor allem auf die vom Hersteller gewählten Werkstoffe und auf spezifische Konstruktionsmerkmale zurückzuführen.

Die durchschnittliche Länge des Badmintonrahmens beträgt 67 cm, sein Gewicht schwankt in unbespanntem Zustand zwischen 95 und 140 Gramm. Jeder Schläger besteht aus Kopf, Schaft und Griff. Der Kopf, auf den über ein Drittel der Gesamtlänge entfällt, besitzt 70 Bohrungen und wird mit 22 Längssaiten und 22 bis 24 Quersaiten bespannt. Alle guten Fabrikate sind in mehreren Griffstärken lieferbar, wobei sich eine einheitliche Bezeichnung leider noch nicht durchgesetzt hat.

Die Balance des Rahmens spielt bei der Schlägerwahl eine entscheidende Rolle; man versteht darunter die Gewichtsverteilung auf Kopf, Schaft und Griff. Will man herausfinden, ob ein Schläger kopf- oder grifflastig ist, balanciert man ihn mit dem Schaft so lange auf dem Zei-

gefinger aus, bis er im Gleichgewicht ist. Je größer der Abstand vom Griffende bis zum Gleichgewichtspunkt ist, desto kopflastiger ist der Rahmen.

Badmintonschläger werden aus einer Vielfalt von Werkstoffen hergestellt; es finden sich Holz, Stahl, Aluminium und Graphit in verschiedenen Kombinationen. Die Wahl des Werkstoffs beeinflußt vor allem Elastizität, Festigkeit und Lebensdauer des Rahmens, in eingeschränktem Umfang auch Gewicht und Balance – und natürlich den Preis. Abgesehen vom wichtigen Geldfaktor sollte für die Schlägerwahl vor allem das subjektive Gefühl des Käufers entscheidend sein. Seine körperliche Konstitution und Spielweise spielen ebenfalls eine gewisse Rolle.

Beim Kauf eines Rahmens sollte man sich folgende Tatsachen vor Augen halten:

- Ein leichterer Schläger läßt schnellere Reaktionen zu.
- Je leichter und filigraner der Schläger ist, desto größer ist seine Bruchanfälligkeit.
- Ein höherer Preis garantiert nicht immer größere Haltbarkeit, aber fast immer ein geringeres Schlägergewicht.
- Rahmen mit einem Kopf aus verleimten Holzlamellen sollte man in einer Presse aufbewahren.

Badmintonsaite

Dem breiten Angebot an Rahmen entspricht eine ständig steigende Auswahl an Saiten. Grundsätzlich unterscheidet man zwischen Natur- und Kunstsaiten. Die Naturdarmsaite zeichnet sich vor allem durch hohe Elastizität aus; sie hat aber eine kürzere Lebensdauer und ist relativ teuer. Kunstsaiten sind nicht so elastisch wie das Naturprodukt, halten aber länger, sind preiswert und unproblematisch beim Besaiten und in der Wartung. Für beide Materialien gilt: Je dünner die Saite, desto elastischer ist sie – und desto kürzer ist ihre Lebensdauer!

Die Härte der Bespannung drückt man in kg (Zuggewicht) aus. Ein superhart bespannter Schläger ist nicht jedermanns Sache; daher sollte man bei der Wahl des Spannungswertes folgende Faktoren berücksichtigen:

- Material und Stärke der Saite,
- Material des Schlägerkopfs,
- die eigene Spielauffassung.

Mit einer harten Bespannung erzielt man hohe Ballgeschwindigkeiten; genaues und gefühlvolles Spiel verlangt zumeist eine weichere Bespannung.

Federball

Der Federball besteht aus dem Kopf und dem Korb (oder Federkranz). Naturfederbälle haben einen Kopf aus Kork, der mit Leder überzogen ist; ihr Korb besteht aus 14 bis 16 Gänsefedern. Das Gewicht beträgt circa 5 Gramm und wird oft in ‹grain› (eine englische Maßeinheit) angegeben. Kunststoffbälle werden in verschiedenen Ausführungen angeboten; meist bestehen Korb und Kopf aus Kunststoff; es existieren aber auch Varianten mit einem Kopf aus lederüberzogenem Kork.

Gute Naturfederbälle zeichnen sich vor allem durch stabiles Flugverhalten und durch eine mit der Flugdauer zunehmende Bremswirkung des Federkranzes aus; beim Spiel am Netz nehmen sie rasch wieder die Normalhaltung ein, das heißt, der Kopf zeigt Richtung Boden. Nachteilig wirkt sich ihre geringe Haltbarkeit aus, zu der sich ein hoher Wartungsaufwand und ein ständig steigender Preis gesellen. Kunststoffbälle sind billiger und meist auch haltbarer, erreichen aber bisher bei weitem nicht die Flugeigenschaften ihrer gefiederten ‹Verwandten›. – Besonderes Augenmerk sollte man der korrekten Geschwindigkeit des Federballs schenken. Sie hängt unter anderem von der Größe der Halle und den darin herrschenden Temperatur- und

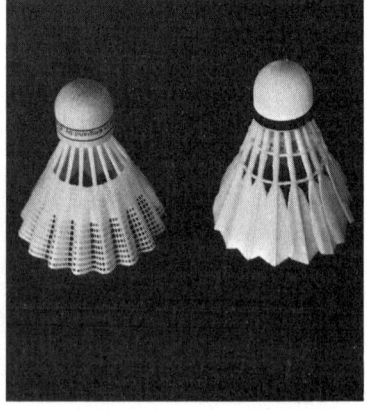

Luftfeuchtigkeitsverhältnissen ab: Je größer und kälter die Halle, desto schneller sollte die gewählte Ballsorte sein. Nähere Einzelheiten über die Vorgangsweise bei der Ballprüfung sind in Regel 4 der Badminton-Spielregeln zu finden (siehe «Anhang» Seite 170f).

Kleidung
Weiß war lange Zeit die bei offiziellen Begegnungen allein zulässige Farbe; später wurde ihr etwas asketischer Eindruck durch bunte Streifen oder Einsätze auf Pullovern, Hemden und Hosen aufgelockert. Mittlerweile hat die IBF wohl unter dem Einfluß der Werbung und des Fernsehens farbige Spielkleidung auch für die Mannschafts- und Einzelweltmeisterschaften zugelassen und damit das reine Weiß weitgehend verdrängt.
Hemden, Hosen, Jacken und Pullover sollten so geschnitten sein, daß sie extreme Bewegungen, die während des Spiels ja häufig vorkommen, nicht behindern. Zur Grundausrüstung eines Spielers zählt auch der Trainingsanzug; er reguliert den Wärmehaushalt des Körpers, hält die Zugluft fern und bewahrt so den Sportler vor Erkältungen.

Schuhe
Während eines Spiels vollführt der Badmintonspieler unzählige Starts, Sprünge, Ausfallschritte und kurze Sprints. Die daraus resultierende Belastung der unteren Extremitäten, insbesondere der Knie- und

Sprunggelenke sowie der dazugehörigen Bänder und Sehnen, ist enorm; gut sitzenden, badmintongerechten Schuhen kommt daher besondere Bedeutung zu. Zu den unabdingbaren Eigenschaften eines Badmintonschuhs zählen daher:

● rutschfeste Sohle,
● gepolstertes Fußbett,
● Achillessehnenschutz,
● abriebfeste Kappenverstärkung.

Das zur Herstellung verwendete Material muß atmungsaktiv, widerstandsfähig und leicht sein. Tennisschuhe halten den erhöhten Belastungen meist nicht lange stand; die für andere Hallenspiele (Hand- oder Volleyball) angebotenen Schuhe sind ihnen daher vorzuziehen. Seit einiger Zeit existieren auch speziell für Badminton (oder Squash) entwickelte Schuhe, die optimal auf die spezifischen Anforderungen dieser schnellen Racketsportarten abgestimmt sind.

Einführung
in die Trainingslehre

Die Kapitel «Technik», «Taktik» und «Kondition» beschreiben die Leistungskomponenten der Sportart Badminton und die Trainingsmethoden zu deren Ausformung und Vervollkommnung. Im vorliegenden Kapitel soll ein Überblick über jene allgemeinen Gesetzmäßigkeiten gegeben werden, die bei der Planung und Durchführung des Trainingsprozesses beachtet werden müssen. Diese grundlegenden Erkenntnisse – man faßt sie unter dem Begriff *Trainingslehre* zusammen – sollen dem Spieler und Trainer eine sinnvolle Planung, Steuerung und Auswertung des Trainings ermöglichen.

Was ist Training?

Training kann als die Summe aller Maßnahmen verstanden werden, die zur planmäßigen Steigerung der sportlichen Leistungsfähigkeit führen oder zur Erhaltung eines bestimmten Leistungsniveaus beitragen. Die *Leistungsfähigkeit* eines Sportlers ist das Resultat (nach HARRE) aus

- Leistungsvermögen, das sind die körperlichen Fähigkeiten, technischen Fertigkeiten und intellektuellen Fähigkeiten, und
- Leistungsbereitschaft, das ist die Summe der psychisch-moralischen Fähigkeiten des Spielers.

Training ist immer ein *planmäßiger* und *systematischer* Prozeß, der sich an bestimmten Zielvorstellungen orientiert und beim Sportler Zu-

standsveränderungen im Bereich der Leistungskomponenten hervor-
rufen soll.
Vom Training ist das *Üben* zu unterscheiden; man versteht darunter
das oftmalige Wiederholen eines Bewegungsablaufs mit dem Ziel, einen oder mehrere Teilfaktoren der sportlichen Leistung zu verbessern. Dem Üben kommt vor allem im Techniktraining eine Schlüssel-
rolle zu; aber auch das Konditionstraining und die Schulung der taktischen Handlungsfähigkeit sind ohne zweckentsprechendes, zielgerichtetes Üben nicht denkbar. MARTIN hat daher das Üben als die «grundlegende Tätigkeitsform im Trainingsprozeß» bezeichnet.

Bestandteile der sportlichen Leistung

Hauptziel des Trainings ist es, die Grundkomponenten der sportlichen
Leistung zu verändern oder zu verfestigen. Zu diesen Leistungskomponenten zählt man:
● Kondition
● Technik
● Taktik
● Kenntnisse
● psychische Faktoren.
Konditionelle Eigenschaften «können nur dann entwickelt werden,
wenn Bewegungsreize gesetzt werden, die den Gesetzmäßigkeiten der
Anpassungsreaktion der Organe entsprechen». *Technische Fertigkeiten* und die *taktische Handlungsfähigkeit* werden in einem Lernprozeß geschult, in dem auch die notwendigen *Kenntnisse* erworben werden. Die *psychischen Eigenschaften* unterliegen einem Entwicklungs-
und Erziehungsprozeß, der im Training und Wettkampf, aber auch in
der sozialen Umwelt des Sportlers abläuft (MARTIN).

Trainingsprinzipien

Sportliche Aktivitäten lösen im menschlichen Körper Anpassungserscheinungen aus, die vor allem in den Muskeln, im Herz-Kreislauf-System, im Nervensystem und in der Funktion verschiedener Drüsen zu
beobachten sind. Sportliches Training wirkt auf den Körper in Form
von *Bewegungsreizen*; sie lösen aber nur dann Anpassungserscheinungen aus, wenn sie eine bestimmte Stärke aufweisen, also die Reiz-

schwelle übersteigen. Zu schwache Reize lösen keine Anpassungserscheinungen aus, zu starke Reize schädigen den Organismus. Spezifische Reize lösen auch spezifische Anpassungserscheinungen aus; eine
Belastung in Form von entsprechend dosierten Dauerläufen bewirkt
daher eine verbesserte Ausdauerleistungsfähigkeit, führt aber in den
Bereichen Kraft und Schnelligkeit nur zu minimalen Anpassungserscheinungen.

Fortgesetzte körperliche Belastung führt zu einer vorübergehend ver-
minderten Leistungsfähigkeit – der Organismus ermüdet. Diese Ermüdung löst aber Wiederherstellungsprozesse aus, in deren Verlauf
die verbrauchten Energien erneuert werden. Der Regenerationsprozeß führt schließlich zu einem neuen Niveau der Leistungsfähigkeit,
das über dem Ausgangsniveau liegt. Die Wirkung des sportlichen
Trainings beruht also auf der Fähigkeit des menschlichen Körpers zur
Superkompensation (Überausgleich). Die Veränderungen im Organismus, die man unter der Bezeichnung Trainingseffekt zusammen-
faßt, finden vorrangig in den Trainingspausen statt. Die Wirkung des
Trainings verliert sich aber, wenn die Pause bis zur nächsten Belastung zu lang ist. Setzt hingegen der nächste Reiz zu früh ein, so
kommt es nicht zum gewünschten Trainingseffekt, da die Regenera-
tionsvorgänge im Organismus noch nicht abgeschlossen und die verbrauchten Energien noch nicht vollständig ersetzt worden sind.

Belastung und Erholung – Superkompensation (nach Jakowlew)

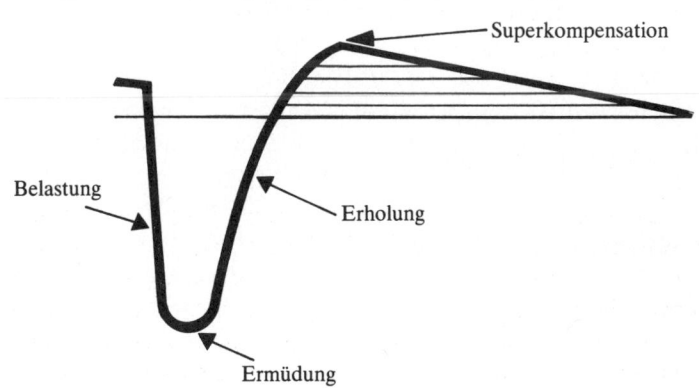

Ein optimaler Leistungszuwachs wird dann erst erreicht, wenn die neue Belastung im Höhepunkt der Superkompensationsphase einsetzt.

● Der Trainingseffekt wird nur dann erreicht, wenn die Belastungen eine bestimmte Intensität und einen bestimmten Umfang erreichen.

● Der Anpassungsprozeß ist das Ergebnis eines optimalen Wechsels zwischen Belastung und Erholung.

● Die Belastung muß ständig erhöht werden. Bleibt sie unverändert, verringert sich die Trainingswirkung.

● Die Belastungsfähigkeit und in ihrer Folge die Leistungsfähigkeit erhöhen sich um so schneller, je häufiger und intensiver trainiert wird.

Trainingsperiodisierung

«Sportler trainieren während des ganzen Jahres; denn Trainingsunterbrechungen bewirken einen Rückgang des Trainingszustandes» (LETZELTER). Andererseits kann die sportliche Form, also der Zustand optimaler Leistungsfähigkeit, nicht über das ganze Jahr gehalten werden. Daraus resultiert eine Unterteilung des Trainingsjahres in verschiedene Abschnitte mit unterschiedlichen Zielsetzungen. Das Trainingsjahr wird entsprechend den Phasen der Formentwicklung in drei Perioden unterteilt, und zwar in die

● Vorbereitungsperiode,
● Wettkampfperiode und
● Übergangsperiode.

Vorbereitungsperiode
In diesem Abschnitt soll das Fundament für die sportliche Form geschaffen werden. Trainingsschwerpunkte des Badmintonspielers sind die Verbesserung der konditionellen Eigenschaften (Ausdauer, Schnellkraft usw.) und der technischen Fertigkeiten. Im ersten Teil der Vorbereitungsperiode dominiert der Umfang des Trainings; im zweiten Teil tritt die Intensität stärker in den Vordergrund.

Wettkampfperiode
In dieser Phase besteht die Hauptaufgabe darin, die bereits erreichte Leistungsfähigkeit zu stabilisieren und bis zum Ende der Wettkampf-

zeit zu halten. Da durch die Wettkämpfe (Einzel- bzw. Mannschafts-
turniere) die Gesamtbelastung erheblich ansteigt, sollte der Trainingsumfang reduziert, die Intensität hingegen auf hohem Niveau stabilisiert werden.

Übergangsperiode

Die Übergangsperiode dient der aktiven Erholung. Das Badmintontraining sollte eingestellt werden; an seine Stelle treten vielfältige Aktivitäten in fremden Sportarten. Zu den idealen Ausgleichssportarten
für den Badmintonspieler zählen Leichtathletik, Schwimmen, Rad-
fahren und alle Mannschaftsspiele. Vom Tennis ist hingegen abzura-
ten, da

– der nervliche Regenerationsprozeß durch die ähnliche Belastungsstruktur negativ beeinflußt wird;

– die im Badmintonsport belasteten Gelenke, Sehnen und Bänder der
  Beine und des Schlagarms einem zusätzlichen Verschleiß ausgesetzt
  werden und

– es durch die langsameren Bewegungen unter Umständen zu einem
  negativen Transfer und damit zu einer Beeinträchtigung der spezifischen Koordinationsprozesse kommen kann.

Möglichkeiten der Jahresplanung

Die doppelte Periodisierung, also die Ausrichtung der Jahresplanung
auf zwei Höhepunkte, ist die optimale Form für alle Senioren, die in
der Bundesliga oder Oberliga spielen. Für diese Gruppe bietet sich
folgendes Schema an:

1. Vorbereitungsperiode	Juli bis August
1. Wettkampfperiode	September bis Mitte Dezember
2. Vorbereitungsperiode	Mitte Dezember bis Mitte Januar
2. Wettkampfperiode	Mitte Januar bis Mai
Übergangsperiode	Juni

Im Nachwuchstraining muß man den entwicklungsspezifischen Trai-
ningszielen (bei Schülern z. B. vorrangige Schulung der koordinativen
Fähigkeiten), den Feriengewohnheiten und dem schulischen Bela-
stungsrhythmus durch eine mehrfache Periodisierung Rechnung tragen, die sich von jener der Senioren unter anderem dadurch unterscheidet, daß die Übergangsperioden in die Weihnachts-, Oster- und
Sommerferien fallen.

Allgemeine und spezielle Ausbildung

«Die sportliche Vorbereitung ist die Summe aus allgemeiner und spezieller Ausbildung; beide Aspekte stehen in einem engen Zusammenhang» (LETZELTER). Ziel der allgemeinen Ausbildung ist die umfassende Entwicklung der konditionellen Grundeigenschaften, das Sammeln umfangreicher Bewegungserfahrung, die Schulung der Bewegungsempfindung und die Aneignung einer entsprechenden Einstellung zu Training und Wettkampf. Die spezielle Ausbildung dient der Schulung der für den Sport ‹Badminton› leistungsbestimmenden konditionellen, technisch-taktischen und intellektuell-moralischen Faktoren.

Badminton als äußerst komplexe Sportart verlangt eine umfassende allgemeine Ausbildung, insbesondere die Schaffung einer breiten konditionellen Basis und das Sammeln vielfältiger Bewegungserfahrungen. Die allgemeine Ausbildung steht beim Kinder- und Schülertraining deshalb im Vordergrund; bei erwachsenen Leistungssportlern nimmt sie einen bedeutenden Platz in der Vorbereitungszeit ein.

Im Jugendtraining, besonders aber im Hochleistungstraining der Senioren kommt der speziellen Ausbildung eine führende Rolle zu, wobei im zweiten Teil der Vorbereitungsperiode und vor allem während der Wettkampfperiode überwiegend mit badmintonspezifischen Mitteln trainiert wird.

Aufbau einer Trainingseinheit

Jede Trainingseinheit besteht aus einem Vorbereitungsteil, einem Hauptteil und einem Ausklang.

Vorbereitung

In der ersten Phase der Vorbereitung werden mit Hilfe von statischen Dehnübungen (*Stretching*) folgende Ziele verfolgt:
● Verbesserung der Beweglichkeit der wichtigsten Gelenke;
● Bewegungs- und Haltungsschulung;
● Schulung des kinästhetischen Empfindens;
● Erhöhung des Konzentrationsniveaus.
Die zweite Phase dient der spezifischen Vorbereitung durch badmintonspezifische Lauf- und Sprungübungen, die sich in Bewegungsablauf und Belastungsstruktur an die Anforderungen des Badmintonsports

anlehnen. Im Schüler- und Jugendbereich sollte dieser Abschnitt durch Fang-, Staffel- und Ballspiele aufgelockert werden.

Der spezifische Teil kann bei Zeitmangel entfallen und durch ein sinnvoll aufgebautes Einschlagprogramm, das ansonsten als dritte Phase folgt, ersetzt werden.

Hauptteil

Dieser Abschnitt dient der Schulung der technischen Fertigkeiten (Schlagtraining), der taktischen Handlungsfähigkeit (Taktik- und Spieltraining) und der Verbesserung der konditionellen Eigenschaften (Konditionstraining). Je nach Trainingsperiode und Schwerpunktsetzung variiert die für jeden Teilabschnitt vorgesehene Zeit; unter Umständen kann ein Teilbereich ganz wegfallen.

Das Techniktraining muß immer vor dem Konditionsteil angesetzt werden, da das Erlernen neuer technischer Fertigkeiten volle Konzentrationsfähigkeit voraussetzt und daher nur im ermüdungsfreien Zustand möglich ist.

Im Konditionstraining sollte folgende Reihenfolge eingehalten werden: Die Schulung der Beweglichkeit und Gewandtheit kommt vor dem Training der Schnelligkeit und Schnellkraft. Danach sollte die Kraft geschult werden; den Abschluß des Konditionsteils bildet das Ausdauertraining.

Ausklang

Dieser Abschnitt dient zunächst der Beruhigung und leitet die Erholungsphase ein. Als Mittel stehen Dehngymnastik, Entspannungsübungen, Massage, Dusche und Sauna zur Auswahl.

Einschlagen

Das Einschlagen dient zur spezifischen Vorbereitung (und/oder der Aufwärmung) und muß vor jedem technisch-taktischen Training angesetzt werden. Seine Dauer richtet sich nach der für das Training zur Verfügung stehenden Gesamtzeit; ein Zeitraum von zehn Minuten kann als Richtwert gelten. Ziel des Einschlagens ist immer, die für die Schlag- und Laufbewegungen erforderliche Koordination des Nerv-Muskel-Systems herzustellen. Eine optimale Vorbereitung ist nur dann gegeben, wenn

- alle wichtigen Schlag- und Laufbewegungen im Programm enthalten sind;
- die Bewegungsabläufe in der zur Verfügung stehenden Zeit so oft wie möglich wiederholt werden.

Die folgenden Merksätze sollen als Hinweise zur Gestaltung des Ablaufs in Training und Wettkampf dienen.

- Auch wenn ein ganzes Spielfeld zur Verfügung steht, zunächst nur das halbe Spielfeld benutzen.
- Die Bälle dem Partner so lange genau zuspielen, bis alle wichtigen Schläge durchgeübt sind; erst dann mit dem freien Spiel beginnen.
- Zuerst auf lockere, technisch saubere Ausführungen der Bewegungen achten, die Intensität schrittweise erhöhen.
- Bei der Reihenfolge der Schlagarten auf einen methodischen Aufbau achten: vom Einfachen zum Komplizierten und vom weniger Intensiven zum Intensiven (Beispiel: Clear – Drop – Drive auf den Körper des Partners – Smash/kurze Abwehr – Netzspiel – Aufschlag).

Technik

Grundlagen

MEINEL definiert Technik als «ein in der Praxis entstandenes und erprobtes Verfahren zur bestmöglichen Lösung einer bestimmten sportlichen Aufgabe». Von jeder sportlichen Technik muß verlangt werden, daß sie rationell und zweckmäßig ist. Diese Kriterien sind gegeben, wenn eine Technik

● den Wettkampfbedingungen entspricht;
● die Umweltbedingungen berücksichtigt;
● mit dem Aufbau und den Funktionen des menschlichen Bewegungsapparats in Einklang steht;
● hinsichtlich Bewegungsstruktur und anderer zentraler Bewegungsmerkmale die Forderungen von Biomechanik und Bewegungslehre erfüllt.

Technik als leistungsbestimmender Faktor

Obwohl die Bedeutung und die Funktion des Faktors ‹Technik› in den einzelnen Sportarten sehr unterschiedlich ist, dürfte MARTIN Recht haben, wenn er feststellt: «Zum Erreichen höchster sportlicher Leistungen stellt die sportliche Technik in den meisten Sportarten (...) den entscheidendsten leistungsdeterminierenden Faktor dar!» Für Badminton trifft dieser Satz voll und ganz zu: Nur ein Spieler, der über ein hohes Niveau an technischen Fertigkeiten verfügt, kann seine konditionellen Fähigkeiten und taktischen Kenntnisse voll einsetzen. Technische Mängel sind zwar teilweise durch erhöhten konditionellen Aufwand oder kluges taktisches Verhalten kompensierbar; eine Leistungssteigerung ist jedoch in diesem Fall nur bis zu einer bestimmten Grenze möglich.

Das Verhältnis von Schlag- zu Lauftechnik

Vielfach herrscht bei Spielern und Trainern die irrige Ansicht, *Techniktraining* bestünde nur im Training der Schlagtechnik. Ein guter Badmintonspieler muß sicherlich über eine ausgereifte Schlagtechnik verfügen; ohne gleichwertige Lauftechnik kann er jedoch aus der Beherrschung der Schlagarten kein Kapital schlagen.
Wie in vielen anderen Sportspielen heißt die Erfolgsdevise im Badminton: Auf Angriff spielen!
Eine aggressive Spielweise stellt aber höchste Anforderungen an das läuferische Potential des Spielers und verlangt von ihm ein besonderes Maß an schnellen, gut koordinierten Beinbewegungen. Schlag- und Lauftechnik sind daher als Einheit zu betrachten und auch als solche zu schulen.

Funktionell-anatomische Zusammenhänge

Das Flugverhalten des Federballs wird in hohem Maß durch den koordinierten Einsatz von Hand, Unterarm und Oberarm bestimmt. Die folgenden Ausführungen zur funktionellen Anatomie sollen einen kurzen Überblick über die Bewegungsmöglichkeiten und das Zusammenspiel dieser Körperteile geben, «denn trainierbar sind nur solche Faktoren, die auch bekannt sind» (MARTIN).
«Vom funktionellen Standpunkt aus betrachtet, bilden Hand und Unterarm eine Einheit; es ist daher nicht möglich, die Bewegungen der Finger und des Handgelenks von den Aktionen des Unterarms zu trennen!» (NIESNER/RANZMAYER 1985). Die Bewegungen der genannten Segmente werden durch die zahlreichen Freiheitsgrade des Schultergelenks sinnvoll ergänzt.

Bewegungsmöglichkeiten des Handgelenks

Das Handgelenk gehört zu den zweiachsigen Gelenken; man kann mit ihm Bewegungen um zwei Achsen ausführen, die senkrecht aufeinander stehen.

Man unterscheidet vier Hauptbewegungen:

- die Bewegung handrückenwärts (Dorsalflexion) im Ausmaß von 60 bis 90 Grad;
- die Beugung handflächenwärts (Palmarflexion) im Ausmaß von 60 bis 90 Grad;
- die seitliche Bewegung gegen die Kleinfingerkante (Ulnarabduktion) im Ausmaß von 30 bis 40 Grad;
- die seitliche Bewegung gegen die Daumenseite (Radialabduktion) im Ausmaß von 20 bis 30 Grad.

Die Kombination dieser Hauptbewegungen ergibt eine Kreisbewegung, wie man sie ausführt, wenn man einen Löffel in einer Kaffeetasse umrührt.

Griffvarianten der Hand

Bedient sich der Mensch eines Geräts, so verwendet er im wesentlichen drei Griffe:

- den kraftvollen Griff (Hammergriff);
- den Präzisionsgriff;
- den Mehrzweckgriff (Universalgriff).

Beim *kraftvollen Griff* soll eine feste Verbindung zwischen Hand und Gelenk gesichert werden. Die Finger sind stark gebeugt und liegen eng nebeneinander, die Position des Daumens variiert je nach Form des Geräts und Bewegungszweck. Das Gerät liegt so in der Handfläche, daß seine Längsachse etwa parallel zu der Linie der Knöchel verläuft.

Den *Präzisionsgriff* verwendet man, wenn die Genauigkeit im Vordergrund steht, mit der das Gerät benutzt wird. Daumen, Zeige- und Mittelfinger bewegen und führen das Gerät, welches schräg über der Handfläche liegt. Dadurch wird «die Kontaktfläche zwischen den Fingern und dem Objekt vergrößert und die Zahl der eingeschalteten Rezeptoren erhöht» (NIESNER/RANZMAYER 1985); auf diese Weise erhält man wesentlich mehr Informationen über Bewegungen und Position des Geräts.

Der *Mehrzweckgriff* stellt einen Kompromiß dar; «die Lage des Geräts entspricht etwa der des Präzisionsgriffs, ... es liegt auf dem ersten Glied des Zeigefingers auf und wird dort durch den Daumen stabilisiert» (NIESNER/RANZMAYER 1985), die anderen Finger pressen das Objekt gegen die Handfläche. Zwischen den Finger- und Handgelenksbewegungen existieren enge funktionelle Verbindungen, da sie durch dieselben Muskeln kontrolliert werden. «Die Dehn- bzw. Kontraktionsfähigkeit dieser Muskeln ist aber nicht groß genug, um allen einbezogenen Gelenken gleichzeitig den vollen Bewegungsumfang zu gestatten. So ist es nicht möglich, bei maximal handflächenwärts gebeugtem Handgelenk die Finger maximal zu beugen, da der Fingerstreck(muskel) als Gegenspieler nicht in dem dafür nötigen Ausmaß dehnbar ist. Umgekehrt ist bei maximaler Beugung der Fingergelenke (Faust) nur eine mäßige handflächenwärtige Beugung des Handgelenks möglich. Eine maximal kräftige bzw. schnelle Beugebewegung des Handgelenks ist nur bei entspannten Fingern möglich» (NIESNER/RANZMAYER 1985).

Umwendebewegungen des Unterarms
Neben den Beuge- und Streckbewegungen im Ellbogengelenk vollführt der Unterarm auch Umwendebewegungen, wobei sich die Speiche um die Elle dreht und die beiden Unterarmknochen je nach Gelenkstellung parallel oder überkreuzt stehen.
● Erfolgt die Umwendebewegung in der Weise, daß die Handfläche nach hinten (bei herabhängendem Arm) bzw. nach außen (bei erhobenem Arm) gerichtet ist und der Daumen nach innen oder nach unten zeigt, so spricht man von *Pronation*.
● Zeigt die Handfläche nach der Umwendebewegung nach vorn bzw. zum Körper und der Daumen nach außen bzw. oben, bezeichnet man dies als *Supination*.

Bewegungen des Oberarms
Folgende Bewegungen des Oberarms im Schultergelenk sind für die Schlagbewegung von Bedeutung:
– Ante- bzw. Retroversion (Vor- und Zurückschwingen des Arms),
– Abduktion und Adduktion (seitliches Anheben und Senken des Arms),
– Innen- und Außenrotation des Arms um die Längsachse.
Im Verein mit den Umwendebewegungen des Unterarms beeinflussen diese Bewegungen sowohl die Geschwindigkeit als auch die Richtung der Schlägerkopfbewegung. So tragen die Drehbewegungen des Unter- und Oberarms etwa 40 Prozent zur Endgeschwindigkeit des Schlägerkopfs beim Vorhand-Überkopf-Smash bei.

Physiologische und biomechanische Grundlagen

Bei der Analyse und Beschreibung der optimalen Schlag- und Lauftechnik muß man von der Tatsache ausgehen, daß der menschliche Körper ein bewegtes System ist, das den Gesetzen der Mechanik unterworfen ist. Allerdings ist «eine rein mechanische Betrachtungsweise für den Sport unangemessen … Vielmehr ist den biologischen Voraussetzungen des Sportlers Rechnung zu tragen» (WILLIMCZIK). Im folgenden Abschnitt werden daher jene physiologischen und mechanischen Gesetzmäßigkeiten behandelt, die wesentlich zur optimalen Gestaltung des Schlagablaufs beitragen.

Der Dehnreflex

Wird ein Muskel gedehnt, so lösen Rezeptoren eine reflektorisch gesteuerte Kontraktion aus. Dieser Reflex kann im Badminton zur Erhöhung der Schlaggeschwindigkeit ausgenutzt werden; dabei löst eine rasche Ausholbewegung zusätzliche Nervenimpulse aus, welche die motorischen Impulse verstärken und eine kräftige Kontraktion der betroffenen Muskeln zur Folge haben. Damit der Dehnreflex voll wirksam wird, darf zwischen Ausholbewegung und Schlagbewegung keine Pause gemacht werden, da ansonsten die Impulsfrequenz wieder abfällt.

Das Prinzip der Phasenverschiebung

Typisch für Wurf- und Schlagbewegungen ist die zeitliche Verschiebung des Beginns der einzelnen Teilbewegungen. Was MEINEL über den Speerwurf sagt, gilt inhaltlich für zahlreiche Schlagabläufe im Badminton: «Während … die Hauptphase im Rumpf bereits einsetzt, befindet sich der Arm noch in der Vorbereitungsphase.» Man spricht auch von einem Zurückbleiben der distalen (rumpffernen) hinter den proximalen (rumpfnahen) Segmenten. Dieses Zurückbleiben wird meist dadurch beendet, daß die Bewegungsgrenze des Gelenks erreicht wird bzw. der Dehnreflex einsetzt. Während das proximale Segment abgebremst wird, erfolgt nach dem Impulserhaltungsgesetz eine Beschleunigung des folgenden distalen Segments. Dabei gewinnt das distale Segment (z. B. der Oberarm) an Endgeschwindigkeit, da es gegenüber dem vorangegangenen proximalen Segment (dem Rumpf) eine geringere Masse aufweist. Die Impulsübertragung sollte dann einsetzen, wenn das proximale Segment seine größte Geschwindigkeit erreicht hat.

Der Rebound-Effekt

Damit ein Körpersegment hohe Geschwindigkeiten erzielen kann, muß der Muskel rasch große Kräfte entwickeln können. Muskeln besitzen die Fähigkeit, bei Dehnung elastische Energie (ähnlich wie ein Gummiband) zu speichern, die dann bei der Kontraktion, zusätzlich zur chemisch erzeugten, zur Verfügung steht. Ein Muskel kann etwa auf das 1,3- bis 1,4fache seiner Ruhelänge gedehnt werden; in diesem Zustand entwickelt er die größte Kraft. Ein derart vorgedehnter Muskel kann entweder mehr Arbeit bei gleichem Energieverbrauch verrichten oder die gleiche Arbeit mit geringerem Energieverbrauch ausführen.

Drehradius und Trägheitsmoment
Die Geschwindigkeit am Ende eines Hebels verhält sich proportional zu seiner Länge, d. h. dem Abstand zur Drehachse. Allerdings erhöht sich bei Verwendung eines längeren Hebels auch das Trägheitsmoment des Systems. Dies bedeutet für Badminton:

– In der Ausholphase sollten Ellbogen und Handgelenk gebeugt werden, um das Trägheitsmoment des Arms möglichst gering zu halten.
– Im Treffpunkt sollte der Arm locker gestreckt sein und der Oberarm etwa die Verlängerung der Schulterachse bilden, damit der Abstand zwischen dem Schlägerkopf und der Wirbelsäule als der Drehachse möglichst groß ist.
– Da die Drehbewegungen des Unter- und Oberarms zu den schnellsten Bewegungen des Körpers zählen, sollte der Schläger im Treffpunkt einen Winkel mit dem Unterarm als Drehachse bilden. In jenen Fällen, wo die Beschleunigung hauptsächlich im Armsegment erzeugt wird (z. B. wenn der Ball weit hinter dem Körper oder weit seitlich des Körpers getroffen wird), aber auch bei allen durch Körpereinsatz unterstützten Power-Schlägen sollte der Schlägerschaft möglichst senkrecht zum Unterarm stehen.

Treffpunkt und Treffstrecke
Bedingt durch die radiale Aufhängung des Arms im Schultergelenk, beschreibt der Schlägerkopf bei schwungvoller Bewegungsausführung eine bogenförmige Bahn. Da der Federball nach dem Treffen tangential wegfliegt, ziehen «geringe Veränderungen des Treffpunkts ... deutliche Abweichungen in der Flugrichtung des Balles nach sich» (NEUMAIER / RITZDORF). An die koordinativen Fähigkeiten des Spielers werden bei einer derartigen Schlagausführung höchste Ansprüche gestellt. Es empfiehlt sich daher, im letzten Abschnitt der Schlagbewegung die bogenförmige Bahn in eine Gerade zu verwandeln; aus dem «Treffpunkt» wird dadurch eine Treffstrecke, auf der es mehrere Treffpunkte gibt, die alle dem Federball dieselbe Flugrichtung erteilen. Man erreicht dieses Ziel, indem man – ähnlich wie bei einem geraden Sprung in die Höhe – die Drehbewegungen mehrerer Körpersegmente so kombiniert, daß sie zusammen eine lineare Bewegung ergeben. Dem Badmintonspieler stehen dazu folgende Varianten zur Verfügung:

– Verlagerung des Körperschwerpunkts in Schlagrichtung während der Bewegung;
– Rumpfdrehung, d. h. Innenrotation des jeweils belasteten Beins im Hüftgelenk und Rotation der Wirbelsäule um die Längsachse;
– betontes Führen des Arms weg vom Körper entlang der Linie, die den Treffpunkt mit dem Zielgebiet verbindet (Ziellinie).

Die Steuerfunktion des Kopfs
Der Gesichtssinn liefert uns laufend Informationen über

– die Flugbahn des Federballs,
– die Stellung des Körpers zum Ball,
– die Position im Spielfeld,
– das Bewegungsverhalten von Gegner und Partner.

Allerdings wechselt das Zentrum unserer Aufmerksamkeit; befindet sich der Ball z. B. im gegnerischen Feld, stehen die Aktionen des Gegners im Zentrum des Interesses. Kurz vor Treffen des Federballs muß sich der Spieler voll auf seine Bewegungen konzentrieren, der Gegner verschwindet häufig aus unserem Gesichtsfeld. Es ist jedenfalls nicht möglich, gleichzeitig lückenlose Informationen über die gegnerischen Aktionen zu erhalten und das Flugverhalten des Federballs als Resultat der eigenen Schlagbewegung zu beobachten. Zahlreiche Spieler versuchen trotzdem das Unmögliche; die Folge ist, daß sie bereits vor oder während des Treffens des Federballs den Kopf vom Treffpunkt abwenden.

Rasche Bewegungen des Kopfs lösen aber über eine Reflexschaltung Folgebewegungen in der Wirbelsäule und in den Extremitäten aus. Dadurch kommt es zu Änderungen in der Schwungbahn des Schlägers, wobei der Federball nicht selten mit dem Rahmen getroffen oder völlig verfehlt wird. Um diese unerwünschten Reflexbewegungen auszuschalten, soll der Spieler den Kopf bis kurz nach dem Treffen des Balls nicht bewegen, sondern ihn vielmehr auf den Treffpunkt fixiert lassen.

Schleife

Ein Schlagablauf muß, sofern die biomechanischen Voraussetzungen des Bewegungsapparates und die physiologischen Bedingungen des Organismus effektiv ausgenutzt werden sollen, folgenden Anforderungen entsprechen:

● Die Schlagbewegung muß durch eine Ausholbewegung in die Gegenrichtung eingeleitet werden.

● Zwischen der Ausholbewegung und der Schlagbewegung darf keine Pause eintreten, die Umkehrphase muß fließend verlaufen.

● Zur Erhöhung der Schlaggeschwindigkeit, der Zielgenauigkeit und Vergrößerung des Täuschungseffekts sollte der Rumpf so weit wie möglich in die Schlagbewegung einbezogen werden.

● Die einzelnen Teilbewegungen müssen zeitlich versetzt beginnen und so koordiniert werden, daß die Schlagbewegung eine «gleitende Verschiebung von Gelenk zu Gelenk» aufweist (MEINEL).

Aufnahmen mit Hochfrequenzkameras haben erwiesen, daß bei optimaler Ausnutzung der biomechanischen und physiologischen Voraussetzungen der Schlägerkopf während der Schlagphase eine Bahn durchläuft, die einer *Schleife* ähnelt. Es handelt sich immer um eine ununterbrochene Bewegung, deren einleitender Teil flüssig in die Beschleunigungsphase übergeht.

Vor Einleitung der Schleife zeigt der Schläger in Richtung des ankommenden Balls; der Ellbogen ist in diesem Moment der tiefste Punkt des Systems Oberarm-Unterarm-Schläger.

Die Schleife bei Täuschungshandlungen

Eine Täuschung des Gegners erfolgt dadurch, daß die Ausholbewegung entweder unterdrückt oder mit einer Ausholbewegung ein
Schlag vorgetäuscht wird, der nicht beabsichtigt ist. Im ersten Fall fällt
die Schleife weg oder wird stark verkürzt; in der zweiten Situation
dient sie nicht der Schlagvorbereitung, sondern soll den Gegner zu einer falschen Reaktion veranlassen. Beiden Arten ist gemeinsam, daß
der effektiv ausgeführte Schlag nicht optimal vorbereitet werden kann
und daher nicht die Schärfe und Zielgenauigkeit eines durch volle
Schleife eingeleiteten Schlags erreicht.

Schlägerhaltung

Eine optimale Schlägerhaltung muß folgenden Ansprüchen genügen:
- Sie muß gewährleisten, daß die tatsächliche Flugbahn des Federballs
  in bezug auf Richtung und Abflugwinkel den Absichten des Spielers
  entspricht.
- Sie muß sicherstellen, daß die von den Körpersegmenten erzeugten
  Impulse ohne Verluste auf den Federball übertragen werden.

Das erste Kriterium wird erfüllt, wenn der Schlägerkopf etwa parallel
zur Handfläche steht; der Schläger arbeitet dann als Verlängerung der
Hand, die Kontrolle der Schlagfläche erfolgt unmittelbar über die
Steuerung der Handbewegungen.

Der zweite Punkt, die volle Impulsübertragung, erlangt bei Schlägen
mit hoher bis maximaler Geschwindigkeit große Bedeutung. Außerdem «greifen in der Beschleunigungsphase beachtliche Zentrifugalkräfte am Schlägerkopf an, denen entsprechender Widerstand entgegengesetzt werden muß» (NIESNER/RANZMAYER 1985). Es ist bekannt,
daß die Armrotation der entscheidende Faktor für die Erzeugung hoher Geschwindigkeiten ist. Ein entsprechend langer Drehradius (Abstand der Schlägerfläche vom Arm) schafft dafür günstige Voraussetzungen.

All diesen Anforderungen wird ein *modifizierter kraftvoller Griff (Basisgriff* oder *Normalgriff)* besser gerecht als der im Badminton als Universalgriff bezeichnete Mehrzweckgriff. Für den Anfänger ist der modifizierte kraftvolle Griff zunächst völlig ausreichend, «in der weiteren
Ausbildung müssen sich die Spieler so früh wie möglich mit den Griffvarianten vertraut machen» (NIESNER/RANZMAYER 1985). So ist z. B.

für einige Varianten des Spiels am Netz der Präzisionsgriff eine Alternative, wobei vor allem bei Finten (verzögertes Schlagen in den Grundlinienbereich oder Diagonalspiel) für eine, oft vom Gegner zu spät erkannte, schnelle Armrotation der Basisgriff Voraussetzung ist. Da in bezug auf Fingerlänge und -dicke sowie hinsichtlich der Größe und Form der Hand große Unterschiede auftreten, sind im äußeren Bild des Basisgriffs deutliche Varianten festzustellen.

Folgende Punkte sollten aber beachtet werden:

- Die Handkante schließt etwa mit dem Griffende ab.
- Der Griff liegt ungefähr parallel zur Querachse der Handfläche (Linie der Knöchel).
- Die Finger umschließen eng nebeneinanderliegend den Griff; der Zeigefinger kann etwas abgesetzt sein.
- Die Lage des Daumens variiert; er erfüllt seine Funktion als Widerlager am besten, wenn sein Endglied seitlich gegen die breite Fläche des Griffs gepreßt wird.
- Hält man den Schläger senkrecht zum Boden, muß der Kopf in seiner Verlängerung über den Schaft in das von Daumen und Zeigefinger gebildete ‹V› der Hand zeigen (vgl. Foto S. 38).

Vor allem Anfänger neigen dazu, den Schlägergriff grundsätzlich zu fest zu umfassen. «Um den stark beanspruchten Unterarm- und Fingermuskeln die entsprechenden Erholungsphasen zu gönnen und (um) nicht durch unnötige Anspannung (von Muskeln) ... den flüssigen Ablauf der Bewegung zu stören, sollte zwischen den Schlägen (bis etwa zu Beginn der Beschleunigungsphase der Schleife) ein lockerer, aber trotzdem sicherer Griff eingenommen werden. Spezielles Augenmerk ist auf die Verwendung entsprechend dicker Griffe zu legen! Die Begründung liegt in der physiologischen Gesetzmäßigkeit, daß Muskeln am ökonomischsten bei etwa rechtwinkeligen Gelenken arbeiten; diese Fingerstellung ist (allerdings) für den erwachsenen Spieler bei den derzeit handelsüblichen Griffstärken ... nicht möglich, da diese ... zu dünn sind» (NIESNER/RANZMAYER 1985). Abhilfe schafft man, indem man zusätzliche Griffbänder anbringt.

Zur Kontrolle des Basisgriffs
Hält man den Schläger so, daß der Schlägerkopf senkrecht zum Boden steht, muß der Kopf in seiner Verlängerung über den Schaft genau in das von Daumen und Zeigefinger gebildete ‹V› der rechten Hand zeigen.

Variationen der Schlägerhaltung
Der Basisgriff kann der Spielsituation bzw. dem beabsichtigten Treffbereich angepaßt werden, indem man den *Schläger mit den Fingern in der Hand in oder gegen den Uhrzeigersinn* dreht. Um diesen Vorgang zu verdeutlichen, wird der Basisgriff als ‹6-Uhr-Stellung› bezeichnet. Eine Drehung im Uhrzeigersinn ergibt die Stellung ‹5 nach 7› (Foto oben), die Drehung gegen den Uhrzeigersinn die Stellung ‹5 vor 7› (Foto unten). Bei der Darstellung und Beschreibung der Bewegungsabläufe und Schlagarten finden sich Hinweise auf den Anwendungsbereich beider Varianten.

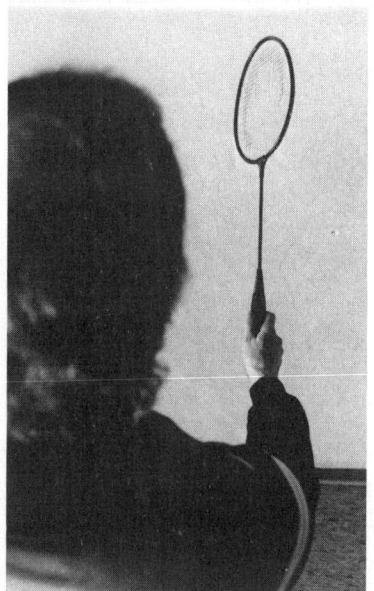

Da mit dem Basisgriff alle grundlegenden Vor- und Rückhandschläge ausgeführt werden können, sollte der Anfänger nur diesen Griff verwenden. Für den Spitzenspieler ist jedoch die automatische Einnahme der jeweils optimalen Schlägerhaltung – die im Spiel oft blitzschnell erfolgen muß – eine unabdingbare Leistungsvoraussetzung.

Grundstellung

Jeder Spieler muß bestrebt sein, nach der Schlagausführung so rasch wie möglich eine startbereite Stellung einzunehmen. Diese Position bezeichnet man als

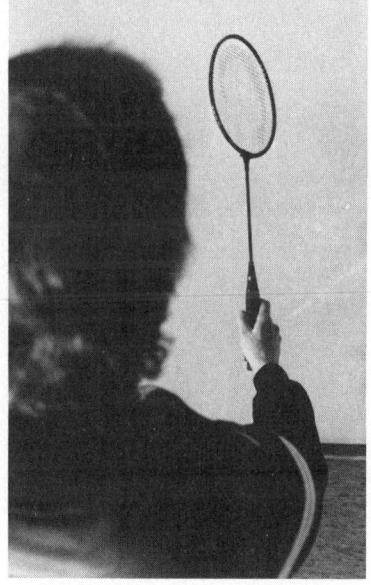

Grundstellung. Dabei zeigen Oberkörper und Fußspitzen zum Netz; die Füße sind mindestens hüftbreit voneinander entfernt. Das Körpergewicht ist auf beide Füße gleichmäßig verteilt, wobei die Ballen das Hauptgewicht tragen und die Fersen entlastet sind. Fuß-, Knie- und Hüftgelenk sind leicht gebeugt; ein schnellkräftiges Strecken dieser Gelenke und somit ein schneller Start in jede beliebige Richtung ist also gewährleistet. Man hält den Schläger vor dem Körper; das Handgelenk ist mäßig dorsal gebeugt, der Schlägerkopf befindet sich in Hüft- bis Brusthöhe. Um die Bewegungsfreiheit des rechten Arms zu gewährleisten, muß man den *Ellbogen vor den Körper* bringen.

Während des Spiels entstehen zuweilen Situationen, in denen die Einnahme der Grundstellung nicht möglich oder ratsam ist. So geht zum Beispiel bei scharf geschlagenen Bällen (Smash, Drive, ‹Töten›) die Ausschwungphase des gerade beendeten Schlags vielfach in die Vorbereitungsphase der nächsten Schlagbewegung über.

Auch aus taktischen Gründen (vor allem im Doppel) weicht die für eine bestimmte Spielsituation am besten geeignete Körper- und Schlägerhaltung häufig von der Grundstellung ab.

Treffbereiche

Zeigt die Handfläche des Spielers im Treffpunkt zum Netz, spricht man von einem *Vorhandschlag*; ist der Handrücken dem Netz zugewandt, wird ein *Rückhandschlag* ausgeführt.
Bei Vor- und Rückhandschlägen unterscheidet man folgende Treffbereiche:
- Unterhand,
- Seithand,
- Überhand.

Bei Vorhandschlägen kommen noch zwei Bereiche dazu:
- Überkopf,
- Links vom Kopf.

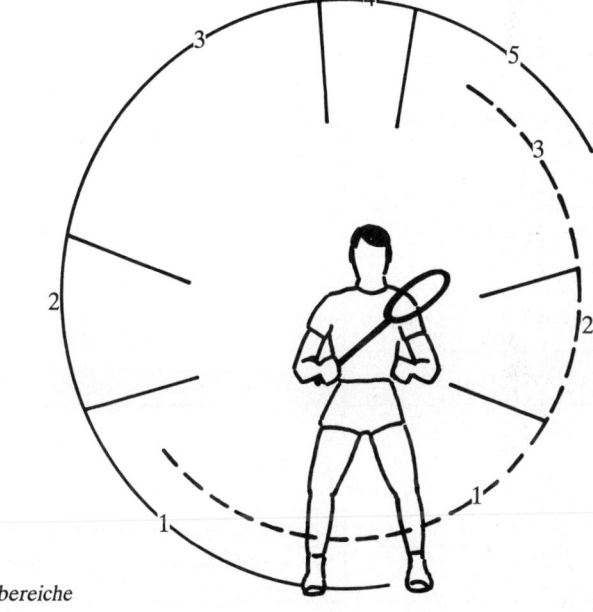

Treffbereiche

――――――――― Vorhand	― ― ― ― ― Rückhand
1 Unterhand	1 Unterhand
2 Seithand	2 Seithand
3 Überhand	3 Überhand
4 Überkopf	
5 Links vom Kopf	

Hinweise zur Technikvermittlung

Unter Berücksichtigung der Treffbereiche und der Möglichkeit, den Ball mit Vorhand oder Rückhand zu schlagen, lassen sich die sechs Schlagarten (Aufschlag, Clear, Smash, Drop, Drive und Spiel am Netz) wie folgt charakterisieren:

Schlagarten und Treffbereiche

Schlagart	Treffbereiche Vorhand	Rückhand	Ausführungsmöglichkeit und Flugkurve
Aufschlag	1	(1)	
Hoher Aufschlag	1	(1)	hohe Flugkurve, Ziel: Grundlinienbereich
Kurzer Aufschlag	1	(1)	flach über das Netz knapp hinter die vordere Aufschlaglinie geschlagen; Unterschnitt mit VH und RH, Überschnitt mit RH
Flach/weiter Aufschlag	1	(1)	Variante zum hohen Aufschlag: über gegnerische Reichweite geschlagen. Ziel: Grundlinienbereich bzw. Doppelaufschlaglinie
Swip-Aufschlag	1	(1)	Variante zum kurzen Aufschlag knapp über oder durch die gegnerische Reichweite geschlagen
Clear	1–5	1–3	
Normaler Clear	1–5	1–3	hoch in den Grundlinienbereich geschlagener Ball
Angriffsclear	1–5	1–3	knapp über die gegnerische Reichweite geschlagener Ball, Ziel: Grundlinienbereich
Verteidigungsclear	1–5	1–3	sehr hoch geschlagener Ball, der möglichst senkrecht auf der Grundlinie auftreffen sollte
Smash	3–5	3	hart und steil nach unten geschlagener Ball, voll getroffen oder mit seitlichem Schnitt
Drop	1–5	1–3	
Kurzer langsamer Drop	1–5	1–3	ein möglichst kurz hinter das Netz geschlagener Ball, voll getroffen oder geschnitten
Langer schneller Drop	1–5	1–3	schnell geschlagener Ball, der bis zur vorderen Aufschlaglinie fliegt, voll getroffen oder geschnitten
Drive	2–3	2–3	ein in Netzhöhe scharf und flach geschlagener Ball, Ziel: Feldmitte oder Grundlinienbereich
Spiel am Netz	1–5	1–3	
‹Töten›	3–5	3	Im Netzbereich geschlagene Bälle
Wischen	2–3	2–3	
Heben	1	1	Ausführungsmöglichkeiten beim Heben: voll getroffen, geschnitten, gestochen

Erläuterung: VH = Vorhand, RH = Rückhand

Schlagarten und Flugkurven

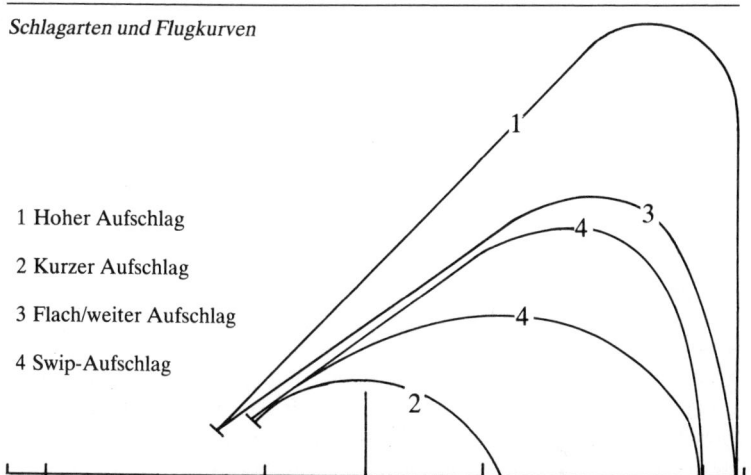

1 Hoher Aufschlag

2 Kurzer Aufschlag

3 Flach/weiter Aufschlag

4 Swip-Aufschlag

5 Verteidigungsclear

6 Angriffsclear

7 Smash

8 Kurzer (langsamer) Drop

9 langer (schneller) Drop

10 Drive

11 Spiel am Netz (Heben)

Grundlage für das Erlernen bzw. die Vervollkommnung der Schlag-
techniken ist die Beherrschung der elementaren Bewegungsabläufe,
die sich auf der Vor- und Rückhand in erster Linie aus der Wahl des
Treffbereichs ergeben.

Die Auswahl der auf den folgenden Seiten dargestellten Schlagabläufe
erfolgt nach ihrer *Wertigkeit* für den erfolgreichen Wettkampf; es
werden also jene Fertigkeiten behandelt, deren Beherrschung einen
leistungsrelevanten Faktor darstellt.

«Eine sportliche Technik ist», wie Martin betont, «ein komplexer,
vielschichtiger und mehrphasiger Bewegungsablauf.» Das menschliche Auge ist nun nicht in der Lage, alle Bestandteile und Faktoren
einer Technik wahrzunehmen; insbesondere bei schnellen und komplizierten Bewegungsabläufen, die im Badminton der Regelfall sind,
kommt es zu großen Informationsverlusten. Um so größere Bedeutung erlangt daher die auf den nächsten Seiten gebotene Beschreibung
und fotografische Darstellung der grundlegenden Bewegungsabläufe.
Sie konzentrieren sich auf jene entscheidenden Merkmale und Phasen, deren Summe das ‹Grundgerüst› der jeweiligen Technik ergibt. In
der Trainingspraxis ist es dann Aufgabe des Trainers, das Bewegungsverhalten eines Spielers mit diesem ‹Grundgerüst›, das heißt mit den
hier dargestellten und erläuterten Phasen und Merkmalen, zu verglei-
chen und entsprechende Korrekturanweisungen zu erteilen.

Ausgangspunkt für eine Analyse der Bewegungsabläufe bildet die Er-
kenntnis, daß jede Schlagbewegung sich in drei aufeinanderfolgende
Phasen gliedert. Es handelt sich dabei um die

- Ausholphase,
- Schlagphase,
- Ausschwungphase.

Aushol- und Ausschwungphase sind manchmal sehr kurz oder werden
ganz unterdrückt. So muß etwa die Ausschwungphase beim ‹Töten› im
Netzbereich so kurz wie möglich sein, da Netzberührung als Fehler ge-
wertet wird, solange der Ball ‹im Spiel› ist.

Aufschlagtechnik

Hoher Aufschlag

Ausholphase

Der Spieler steht nahe der Mittellinie in hüft- bis schulterbreiter Schrittstellung; sein Körpergewicht ruht auf dem rechten Bein. Der linke Fuß zeigt in die Schlagrichtung, der rechte in Richtung Seitenlinie. Das Ellbogengelenk des rechten Arms ist etwa rechtwinklig gebeugt, das Handgelenk gestreckt oder mäßig dorsal-radial gebeugt. Der Schlägerkopf zeigt mit der Vorhandseite etwa in Richtung Netz. Der Federball wird mit der linken Hand in Brust- bis Schulterhöhe gehalten.

Schlagphase

Im ersten Teil der Schlagphase erfolgt die Gewichtsverlagerung auf den linken Fuß, wobei die rechte Ferse angehoben wird. Anschließend werden das rechte Knie und die Hüfte nach vorn gebracht. Gleichzeitig führt man den rechten Arm etwas zurück, wobei das Ellbogengelenk gestreckt und die Dorsal-Radialbeugung des Handgelenks verstärkt wird; Ober- und Unterarm drehen sich nach außen. Durch die Verwringung tritt in der rechten Körperseite und im rechten Arm eine Vorspannung auf. Der Schlägerkopf beschreibt den

ersten Teil der Schleife. Bereits mit der Gewichtsverlagerung nach vorn hat der Spieler durch dosierte Streckung des linken Arms den Federball nach vorn geworfen. – Manche Spieler verzichten auf den ersten Teil der Schleife und führen den Schläger in eine Position zurück, die etwa dem tiefsten Punkt der Schleife entspricht.

Unter Auflösung der Vorspannung wird der Oberkörper nach vorn gedreht und anschließend der rechte Arm nach vorn/oben geführt, wobei der Ellbogen nach innen zeigt; der linke Arm führt inzwischen eine Gegenbewegung nach rückwärts aus. Kurz vor dem Treffen des Balls erfolgt im Oberarm eine Innenrotation; der Unterarm vollführt eine schnellkräftige Pronationsbewegung, das Handgelenk wird gestreckt. Der Treffpunkt liegt vor der rechten Körperseite etwa in Kniehöhe.

Ausschwungphase

Die Drehung des Oberkörpers wird fortgesetzt, bis die rechte Körperseite ungefähr zum Netz zeigt. Die Armbewegung schwingt nach vorn/oben aus. Nach Abschluß des Ausschwungs befindet sich der rechte Ellbogen in Kopfhöhe und zeigt wie die Kleinfingerkante der Hand nach vorn/oben. Der linke Ellbogen zeigt hinter dem Körper zur Grundlinie.

Kurzer Aufschlag

Ausholphase
Die Ausholphase entspricht etwa der des hohen Aufschlags.

Schlagphase
Die Schlagphase wird wie beim hohen Aufschlag durch Gewichtsverlagerung und Vorbringen der Hüfte eingeleitet. Zahlreiche Spieler verzichten auf den ersten Teil der Schleife und nehmen eine Position ein, die etwa deren tiefstem Punkt entspricht. Das Ellbogengelenk bleibt während der Schlagphase gebeugt, die Drehbewegungen des Arms sind nicht so ausgeprägt wie beim hohen Aufschlag. Die Drehung des Oberkörpers und die Armbewegung vorwärts sind dosiert, das Handgelenk wird nicht oder nur mäßig gestreckt. Der Treffpunkt liegt vor der rechten Hüfte.

Es ist auf die Einhaltung der Aufschlagregeln zu achten (siehe «Anhang», Seite 175 ff).

Ausschwungphase
Die eigentliche Ausschwungphase ist kurz und verläuft diagonal nach vorn. Sie sollte aber (vor allem im Doppel) weitergeführt werden, wobei der Schläger durch eine Pronationsbewegung des Unterarms und eine Radial-Dorsalflexion des Handgelenks vor den Körper bis in Kopfhöhe geführt wird.

Swip-Aufschlag

Der Swip-Aufschlag unterscheidet sich vom kurzen Aufschlag erst im
letzten Teil der Schlagphase: Der Schläger wird durch schnellkräftige
Streckung des Handgelenks und entsprechend starke Pronation beschleunigt. Diese Aktion muß so spät wie möglich erfolgen, damit der
Gegner bis zum Schluß über die Art des beabsichtigten Aufschlags im
unklaren gelassen wird.

Schlagtechnik

Ziel jedes Badmintonspielers muß es sein, das Schlagrepertoire laufend zu erweitern und auf diese Weise sein Spiel variabler zu gestalten. Obwohl gerade im Badmintonsport die Zahl der Schlagvarianten beeindruckend groß ist, lassen sich alle auf die sechs Schlagarten
Aufschlag, Clear, Smash, Drop, Drive und *Spiel am Netz* zurückführen.

Die Schlagarten *Smash, Clear* und *Drop* unterscheiden sich in folgenden Merkmalen:

Schlagart	Geschwindigkeit der Streck-Dreh-bewegung des rechten Arms	Stellung Handgelenk zur Schlagfläche	Ausschwung
Smash	maximal	SF vor HG	weit
Clear	hoch bis sehr hoch	SF in Ebene mit HG oder hinter HG	mittel bis kurz
Drop	gering bis mittel	SF in Ebene mit HG oder vor HG	kurz bis sehr kurz

Erläuterung: SF = Schlagfläche, HG = Handgelenk

Bei diesen sechs Schlagarten handelt es sich um *technisch-taktische* Spielelemente, die sich vor allem durch ihre Flugkurven unterscheiden. Bei einigen Schlagarten eröffnen sich durch das ‹Schneiden› zusätzliche Variationen.

Der Aufschlag darf als einzige Schlagart nur aus *einem* Treffbereich geschlagen werden (siehe hierzu «Spielregeln» im Anhang, Seite 175 ff). Alle anderen Schlagarten können der Spielsituation entsprechend aus verschiedenen Treffbereichen heraus geschlagen werden. So kann ein *Smash* mit der Vorhand Überkopf, Überhand und Links vom Kopf geschlagen oder mit der Rückhand als Überhandschlag ausgeführt werden.

Ein Vorhand-Überkopfschlag (siehe Fotos rechts) kann ebenso als *Smash, Clear* oder *Drop* geschlagen werden.

Da es bei den folgenden Technikbeschreibungen vorrangig um das präzise Erlernen der grundlegenden Bewegungsabläufe geht, werden hier die möglichen Schlagarten unter dem jeweiligen Treffbereich zusammengefaßt.

Vorhand-Überkopfschlag aus dem Stemmschritt

Ausholphase

Zur Vorbereitung des Schlags erfolgt aus der Grundstellung oder dem Rückwärtslauf eine Körperdrehung um 90 Grad nach rechts hinten. Dabei wird das rechte Bein etwa schulterbreit hinter das linke gestellt, Fuß, Knie- und Hüftgelenk sind mäßig bis stark gebeugt, das rechte Knie und die Fußspitze zeigen zur Seitenlinie. Schulter- und Hüftachse stehen im rechten Winkel zum Netz. Die Schulterachse ist geneigt, so daß sich die rechte Schulter deutlich unter der linken befindet. Der rechte Ellbogen wird zurückgenommen und zeigt hinter dem Körper zum Boden. Gleichzeitig wird der linke, etwa rechtwinklig gebeugte Arm angehoben, so daß der linke Ellbogen in oder über Kopfhöhe nach oben zeigt.

Das rechte Ellbogengelenk ist stark gebeugt, so daß sich die Hand neben dem Körper etwa in Schulterhöhe befindet. Das Handgelenk ist gestreckt oder mäßig dorsal-radial gebeugt, der Schlägerkopf zeigt in Richtung des ankommenden Balls. Es entsteht ein auf die Spitze gestelltes *Dreieck* (oder Trapez), dessen tiefster Punkt der rechte Ellbogen ist. Eine Seite wird durch den Schläger und den rechten Unterarm gebil-

det, die zweite vom linken Unterarm. Die Basis des Dreiecks beginnt beim rechten Ellbogen und verläuft über den rechten Oberarm durch die Schulterachse zum linken Ellbogen.

Schlagphase

Der erste Teil der Schlagphase wird durch den Abdruck vom rechten Fuß eingeleitet, wobei (unmittelbar nach dem vorbereitenden Beugen der Beingelenke) das rechte Fuß-, Knie- und Hüftgelenk gestreckt werden. Gleichzeitig erfolgt eine Gewichtsverlagerung auf das vorn aufgesetzte linke Bein. Unmittelbar darauf werden das rechte Knie und die Hüfte nach vorn gebracht. Da die rechte Schulter hinten bleibt, kommt es zu einer starken Vordehnung der seitlichen Rumpfmuskulatur. Gleichzeitig beginnt eine Kippbewegung der Schulterachse: Die rechte Schulter wird gehoben und die linke gesenkt. Die beiden Ellbogen vertauschen ihre Positionen: während der linke Ellbogen nach unten geführt wird, bewegt sich der rechte nach oben. Durch das Anheben des rechten Ellbogens und eine lockere Dorsal-Radialbeugung des Handgelenks wird die Schleifenbewegung des Schlägerkopfs eingeleitet.

In dieser zweiten Phase dreht sich der Oberarm nach außen, der Unterarm gelangt in eine ausgeprägte

Supination, die Kleinfingerkante zeigt nach oben. Der Schlägerkopf
schwingt über die linke Schulter nach unten am Rücken vorbei bis neben die rechte Körperseite. Der Rumpf hat eine ausgeprägte Hohl-
kreuzhaltung eingenommen; im Brust-Schulter-Arm-Bereich entsteht
eine starke Spannung.

Wenn die Schulterachse etwa waagerecht ist, beginnt unter Auflösung
der Vorspannung in der seitlichen Rumpfmuskulatur eine Drehung des
Oberkörpers nach vorn, in dieser Phase vollführt die Schulterachse eine *Kipp-Drehbewegung.*

Im abschließenden Teil der Schlagphase wird unter Auflösung der Vorspannung im Brust- und Schulterbereich die Wirbelsäule gestreckt (oder
sogar nach vorn gebeugt) und der Oberarm so weit nach oben/vorn geführt, daß der Ellbogen etwa gegen den ankommenden Ball zeigt. Nun
erfolgt die Streckung des Ellbogengelenks, der sich kurz vor dem Treffen des Balls eine Einwärtsdrehung des Oberarms, Pronation des Unterarms und Streckung des Handgelenks anschließen. Der Schlägerkopf wird dadurch auf einer halbkreisförmigen Bahn – je nach gewählter Schlagart mehr oder weniger stark – beschleunigt. Der Treffpunkt
liegt vor oder über dem Körper. Um einen vorzeitigen Abbruch der
Körperdrehung, hervorgerufen durch Fixierung des linken Ellbogens
vor dem Körper, zu vermeiden, sollte der gebeugte linke Arm so weit
neben der linken Körperseite nach rückwärts geführt werden, daß sich
der Ellbogen im Treffpunkt neben oder hinter dem Körper befindet.

Ausschwungphase
Es hängt von der gewählten Schlagart ab, bis zu welchem Punkt die
Armbewegung nach vorn/unten und die Pronation des Unterarms fortgesetzt werden. Der Ausschwung wird mit einer Supinationsbewegung
des rechten Unterarms beendet und der Schläger durch lockeres Beugen des Ellbogengelenks wieder in die Grundstellung geführt. Unter-
dessen vollführt das rechte Bein den ersten Schritt in Richtung zentrale
Position aus.

Vorhand-Überhandschlag

Der Vorhand-Überhandschlag weicht in folgenden Merkmalen vom Bewegungsablauf des Überkopfschlags ab (vgl. Bildreihe Seite 54, Bildfolge jeweils von oben nach unten):

Ausholphase
Zur Vorbereitung des Schlags wird das rechte Bein nach rechts gestellt, wobei die Fußspitze zur Seitenlinie zeigt.

Schlagphase
Das Körpergewicht wird nicht verlagert, das rechte Bein verharrt bis zur Ausschwungphase in der ursprünglichen Stellung. Dies verhindert eine vollständige Drehung der rechten Hüfte in die Schlagrichtung.

Ausschwungphase
Das Körpergewicht wird durch eine schnellkräftige Streckung des rechten Fuß-, Knie- und Hüftgelenks auf das linke Bein verlagert. Aus dieser Position läuft der Spieler zur zentralen Position zurück.

Fortgeschrittene Spieler führen den Vorhand-Überhandschlag auch im Sprung aus. Steht der Spieler unter Druck, so führt er den Sprung nach rechts hinten ohne Schere der Beine aus. Die Landung erfolgt ein- oder beidbeinig (siehe Bildreihe Seite 55, Bildfolge jeweils von oben nach unten). Steht ihm etwas mehr Zeit zur Verfügung, so empfiehlt sich der sogenannte «Arbi-Sprung» (benannt nach dem indonesischen Spieler, der ihn einführte). Dabei kommt es zu einer Scherbewegung der Beine wie beim Umsprung. Die Landung erfolgt beidbeinig, wobei die Beine stark gegrätscht werden. Die Vorteile dieser Variante liegen in besserem Körpereinsatz mit vermehrten taktischen Möglichkeiten und starkem Täuschungseffekt.

Vorhandschlag links vom Kopf mit Umsprung nach links

Ausholphase

Mit dem letzten Schritt vor dem Absprung erfolgt zur Schlagvorbereitung eine Körperdrehung um mindestens 90 Grad in Richtung Grundlinie oder linke hintere Ekke. Dabei wird der rechte Fuß oft links hinter den linken Fuß gestellt. Ansonsten entspricht die Ausholphase der des Überkopfschlags.

Schlagphase

Mit einer schnellkräftigen Strekkung der Gelenke des rechten Beins erfolgt der Abdruck zum Umsprung. Unmittelbar darauf werden das rechte Knie und die Hüfte nach vorn gebracht und gleichzeitig das linke Bein zurückgenommen. Gegenüber der Schlagphase des Überkopfschlags aus dem Stemmschritt sind folgende zusätzliche Abweichungen zu erwähnen:

Abhängig vom Treffpunkt muß der Oberkörper häufig in der Wirbelsäule nach links/seitwärts gebeugt werden. Erst mit der abschließenden Streck-Drehbewegung des rechten Arms schwingt das rechte Bein nach vorn, wobei es zunehmend in Hüft- und Kniegelenk gebeugt wird. Das linke Bein wird mäßig bis stark seitlich abgespreizt. Der Ball wird über dem Kopf oder etwas links davon getroffen.

Ausschwungphase
Gleichzeitig mit der Ausschwungbewegung des rechten Arms erfolgt die Landung, die entweder einbeinig links oder beidbeinig erfolgt. Die linke Fußspitze muß dabei in Richtung linke Seitenlinie zeigen. Dies ergibt eine sichere Basis für die Landung und den unmittelbar folgenden Abdruck zum ersten Schritt über das vorn aufgesetzte rechte Bein in Richtung zentrale Position.

Rückhand-Überhandschlag

Ausholphase
Zur Schlagvorbereitung erfolgt aus der Grundstellung eine Körperdrehung um mindestens 90 Grad nach links. Der letzte Schritt erfolgt als Ausfallschritt mit rechts, wobei je nach Treffpunkt die Gelenke des rechten Beins mäßig bis stark gebeugt sind; die Fußspitze zeigt zur Seitenlinie oder in das linke hintere Eck. Während oder unmittelbar nach dem Treffen des Balls erfolgt das Aufsetzen des rechten Fußes. Die rechte Schulter zeigt auf den linken Netzpfosten oder zur Seitenlinie. Das Ellbogengelenk ist etwa rechtwinklig gebeugt, das Handgelenk nimmt eine mäßig dorsal-radiale Flexionsstellung ein. Der Schlägerkopf zeigt nach oben, die Rückhandschlagfläche etwa in Richtung linker Netzpfosten.

Schlagphase
Zur Einleitung der Schleifenbewegung wird der Unterarm gegen den Uhrzeigersinn gedreht (Pronation), bis die Kleinfingerkante nach oben zeigt. Gleichzeitig erfolgt eine Innenrotation des Oberarms und ein Anheben des Ellbogens bis etwa Schulterhöhe.

Der Schlägerkopf bewegt sich dadurch auf einer halbkreisförmigen Bahn neben dem Körper nach unten/hinten und erreicht den tiefsten Punkt der Schleife (siehe Foto oben rechts). Nun beginnt die Streckung des Ellbogengelenks; kurz vor dem Treffpunkt erfolgt eine Außenrotation des Oberarms und eine schnellkräftige Supination des Unterarms. Der Schlägerkopf wird dadurch stark beschleunigt und die Rückhandschlagfläche vor dem Treffpunkt in die Schlagrichtung gedreht. Die Dorsalbeugung des Handgelenks bleibt während der Schlag- und Ausschwungphase *aufrecht*; der Ellbogen ist im Treffpunkt mäßig gebeugt oder locker gestreckt.

Ausschwungphase
Nach dem Treffen des Balls setzt der Unterarm seine Supination bis zur anatomischen Bewegungsgrenze fort, an der der Schläger plötzlich abgestoppt wird.

Clear, Drop und Smash unterscheiden sich durch:
- Geschwindigkeit der Streck-Drehbewegung des Arms;
- Stellung der Schlagfläche zum Handgelenk im Treffpunkt;
- Weite des Ausschwungs.

Vorhand-Unterhandschlag

Ausholphase

Die Vorbereitung des Schlags erfolgt durch einen Ausfallschritt mit dem rechten Bein, wobei die rechte Fußspitze etwa in Richtung des ankommenden Balls zeigt. Hüft- und Kniegelenk des rechten Beins werden mäßig bis stark gebeugt. Das Knie des linken Beins zeigt nach unten, das Kniegelenk ist etwa rechtwinklig gebeugt; die linke Fußspitze zeigt in Richtung linke Seitenlinie. Der Oberkörper sollte nur mäßig nach vorn gebeugt werden, die rechte Schulter befindet sich über dem rechten Knie. Man führt den Schläger aus der Grundstellung nach rechts vorn, wobei der Ellbogen gebeugt bleibt. Die Vorhandseite des Schlägerkopfs zeigt in Richtung Netz.

Schlagphase

Durch Seitbeugung der Wirbelsäule nach rechts erfolgt eine Kippung der Schulterachse nach rechts unten, wodurch für die nachfolgende Rotation des Oberkörpers optimale Bedingungen geschaffen werden. Der rechte Arm wird kurz gegen die Schlagrichtung zurückgeführt und das Ellbogengelenk locker gestreckt. Die Dorsal-Radial-Beugung des Handgelenks verstärkt sich; gleichzeitig setzt eine Supination

des Unterarms ein. Nun dreht sich
der Oberkörper in Schlagrichtung.
In dieser Phase durchläuft der
Schlägerkopf eine schleifenför-
mige Bahn, an deren tiefstem
Punkt Außenrotation des Oberarms, Supination und Hand-
gelenksbeugung ihr Maximum erreichen. Dadurch entsteht eine
Vorspannung im rechten Arm. –
Der rechte Arm wird nach vorn gegen den ankommenden Ball geführt, wobei der Ellbogen nach innen zeigt; gleichzeitig erfolgt eine
Ausgleichsbewegung mit dem ge-
beugten linken Arm nach rückwärts. Kurz vor dem Treffpunkt
vollzieht der Oberarm eine Innenrotation, der Unterarm eine Pronationsbewegung, das Handgelenk wird gestreckt; die Intensität
dieser Streck-Drehbewegungen
hängt von der gewählten Schlagart
ab.

Ausschwungphase
Die Ausschwungbewegung richtet
sich nach der Schlagart. Beim Unterhand-Clear entspricht sie der
des hohen Aufschlags, beim Drop
ist sie dosiert und kurz. Unmittelbar danach erfolgt der erste Schritt
zurück zur zentralen Position
durch schnellkräftige Streckung
des rechten Fuß-, Knie- und Hüftgelenks über das hinten aufgesetzte linke Bein.

Rückhand-Unterhandschlag

Ausholphase

Die Ausholphase entspricht insofern der des Vorhand-Unterhand-
schlags, als die Vorbereitung des
Schlags ebenfalls durch einen
Ausfallschritt mit dem rechten
Bein erfolgt. Die rechte Schulter
zeigt dabei in Richtung linker
Netzpfosten und befindet sich
über dem rechten Knie. Arm- und
Schlägerstellung gleichen den
beim Rückhand-Überhandschlag
beschriebenen Positionen.

Schlagphase

Die Schlagphase entspricht weitgehend der des Rückhand-Über-
handschlags; allerdings wird beim
Unterhandschlag der Ellbogen
nach vorn geführt und nur selten
bis in Schulterhöhe gehoben. Der
Treffpunkt liegt meist links vor
dem rechten Knie.

Ausschwungphase

Die Ausschwungphase ist abhängig von der Intensität des Schlags; beim Unterhand-Clear führt sie nach vorn oben bis zur anatomischen Bewegungsgrenze. Das Ellbogengelenk ist gestreckt, der Schlägerkopf schwingt über Kopfhöhe hinaus. Durch schnellkräftiges Strecken des rechten Fuß-, Knie- und Hüftgelenks erfolgt der erste Schritt über das hinten aufgesetzte linke Bein zur zentralen Position zurück.

Drive

Der Drive ist ein in Netzhöhe scharf und flach in die Feldmitte oder den Grundlinienbereich geschlagener Ball. Der Drive kann parallel zu den Seitenlinien oder diagonal geschlagen werden.

Die Bildreihe auf dieser Seite zeigt einen Drive mit Vorhand, die Bildreihe Seite 65 einen Rückhand-Drive.

Der Schlagablauf bei einem Drive ähnelt dem Unterhandschlag. Rechte Schulter und Ellbogen werden länger gegen die Schlagrichtung zurückgeführt, der Ellbogen wird seitlich etwas angehoben. Die Schleife ist weiter, Aushol- und Ausschwungbewegung liegen auf einer Ebene. Der Ball wird im Seithandbereich getroffen.

Spiel am Netz

Wird der Ball vom Gegner kurz über das Netz gespielt und kann man
ihn über der Netzkante annehmen, versucht man, ihn von oben nach
unten zu schlagen, zu *töten*. Wurde der Ball genau gespielt und besteht daher die Gefahr, während der Ausschwungphase das Netz zu
berühren, versucht man, den Ball zu *wischen*. Liegt der Treffpunkt
unterhalb der Netzkante, muß man den Ball *heben*.

‹Töten› mit einem Vorhandschlag
Man hält den Schläger mit dem
Universalgriff oder nimmt die
Haltung ‹5 vor 5› ein. Der Schlägerkopf befindet sich in Kopfhöhe, das Handgelenk ist maximal
dorsal gebeugt. Der Ellbogen
zeigt zum Netz, das Ellbogengelenk ist etwa rechtwinklig gebeugt.

Durch stärkere Beugung des Ellbogengelenks und mäßige Supination des Unterarms führt man den
Schläger kurz gegen die Schlagrichtung, wobei eine Kleinst-
schleife entsteht.

Durch Streckung des Ellbogengelenks, kurze Pronation des Unterarms und vor allem durch schnellkräftige Streckung des Handgelenks wird der Schläger sodann
gegen den Ball geführt.

Ist die zur Verfügung stehende Zeit sehr kurz, fällt die erste Phase der Schlagbewegung weg; der Schlag erfolgt dann ausschließlich durch die Streckung von Ellbogen- und Handgelenk. Der Ausschwung nach vorn ist sehr kurz; die Bewegung des Handgelenks wird unmittelbar vor der vollständigen Streckung abgestoppt und der Schläger durch schnelle dorsal-radiale Beugung des Handgelenks wieder in die Ausgangsstellung zurückgeführt.

‹Töten› mit einem Rückhandschlag

Man verwendet den Universalgriff oder die Stellung ‹5 nach 7›. Das Handgelenk ist dorsal-radial gebeugt. Der Schlag erfolgt durch kurze Pronation und anschließende schnellkräftige Supination des Unterarms; der Ausschwung ist kurz und geht unmittelbar in die Ausgangsstellung für den nächsten Schlag über.

Wischen
Die Ausholphase entspricht der
des ‹Tötens›. Bei einem *Vorhandschlag* hält man den Schläger in
der Stellung ‹10 vor 4›. Die maximale Dorsalflexion bleibt während der Schlagphase aufrecht,
die Bewegung erfolgt durch eine
Pronation des Unterarms aus der
maximalen Supinationsstellung,
die zu Beginn der Schlagphase
eingenommen wird. In der Ausschwungphase erfolgt durch kurze
Supination des Unterarms die
Rückkehr in die Ausgangsstellung.

Für einen *Rückhandschlag* dreht man den Schläger in die ‹10 nach 8›-Stellung. Aus einer Pronationsstellung dreht man den Unterarm schnellkräftig im Uhrzeigersinn und führt anschließend den Schläger wieder in die Ausgangsstellung zurück.

Der Federball wird beim Wischen nicht voll getroffen, sondern seitlich gestreift.

Heben

Die *Vorbereitung* erfolgt durch einen Ausfallschritt rechts. Dabei ruht das Körpergewicht auf dem vorn aufgesetzten rechten Fuß, der linke Fuß ist vollständig entlastet. Ansonsten entspricht die Ausholphase etwa der des Unterhandschlags.

Schlagphase: Beim Vorhandschlag wird der gebeugte Ellbogen nach innen geführt und der Unterarm nach außen gedreht. Dadurch wird die Schleifenbewegung eingeleitet. Sobald sich der Schlägerkopf parallel zum Boden befindet, wird er durch dosiertes Heben des Ellbogens und lockere Streckung des Unterarms von unten gegen den ankommenden Ball geführt. Beim Rückhandschlag wird der Ellbogen etwas angehoben, so daß er zur rechten Seitenlinie zeigt und der Unterarm gedreht (proniert), bis der Schlägerkopf parallel zum Boden steht.

Dann wird er durch dosiertes Heben des Arms und Streckung des Ellbogengelenks gegen den ankommenden Ball geführt.

Alle Bewegungen müssen weich und dosiert ausgeführt werden; der Schlägerkopf muß im Moment des Treffens des Balls parallel zum Boden gehalten werden.

Ausschwungphase: Abhängig vom Treffpunkt ist sie kurz bis sehr kurz und verläuft nach oben. Viele Spieler verzichten beim Heben auf den ersten Teil der Schleife und nehmen bereits vor Beginn des Schlags eine Position ein, bei der der Schlägerkopf parallel zum Boden steht. Diese Bewegungsvariante erleichtert die Kontrolle der Bewegung, ist allerdings mit einem Verlust an Täuschung verbunden.

Schneiden

Das Schneiden nimmt im modernen Badminton einen wichtigen Platz unter den technischen Fertigkeiten ein. Der fortgeschrittene Spieler muß sich mit den wichtigsten Varianten und deren taktischer Anwendung vertraut machen; für den Spitzenspieler zählt ihre gezielte Verwendung zu den Leistungsvoraussetzungen.

Das Schneiden des Federballs ist im wesentlichen ein *exzentrischer Schlag*, bei dem der Schlagimpuls nicht durch den Körperschwerpunkt des Federballs verläuft. Als Folge treten meist zusätzliche Rotationen um die Längs- bzw. Querachse des Federballs auf. Dies bewirkt, daß:

– das Flugverhalten des Federballs nicht dem Schlägerkopfverhalten im Treffpunkt entspricht. Es kommt zu Veränderungen der Flugkurve (z.B. stärkere Krümmung oder Verkürzung);

– die normale Flughaltung des Federballs verändert wird, indem er z.B. zu taumeln beginnt. Damit verbunden ist ein geändertes Abprallverhalten vom gegnerischen Schläger.

Zusätzlich kommt es beim Gegner häufig zu Fehlreaktionen, da sich das menschliche Auge in erster Linie an dem Bewegungsverhalten des Schlägerkopfs, d.h. vor allem

an Richtung und Geschwindigkeit des Schlags orientiert.
Die Effizienz des Schneidens hängt u. a. ab von:
- dem Winkel, der zwischen Schlagfläche und der Bewegungsrichtung des Schlägers gebildet wird;
- der Geschwindigkeit der Schlägerkopfs im Treffpunkt; je höher sie ist, desto stärker treten die genannten Folgen des Schneidens in Erscheinung.

Folgende Schnittvarianten stehen zur Verfügung:

Variante	Anwendung	Effekt
seitlicher Schnitt von oben nach unten	Überkopf-Smash, Überkopf-Drop, Überhand-Smash, Überhand-Drop, Links-vom-Kopf-Smash/-Drop	Flugbahn wird verkürzt; Flugrichtung diagonal statt parallel
Unterschnitt	kurzer Aufschlag, Spiel am Netz, kurze Abwehr	Flugbahn wird verkürzt; beim Spiel am Netz dreht sich Ball um die Querachse, er ‹trudelt›
Stechen	Spiel am Netz	Ball dreht sich um die Querachse
Wischen	Überkopf-Smash/-Drop Überkopf-Smash/-Drop Links-vom-Kopf-Smash und -Drop Spiel am Netz Annahme des kurzen Aufschlags	Flugbahn wird stark verkürzt

Abwehr

Unter diesem Begriff faßt man alle Schlagvarianten zusammen, die einem Spieler zur Annahme des gegnerischen Smashs zur Verfügung stehen. Systematisch könnte man sie entweder einem bestimmten Bewegungsablauf – meist Unterhandschlag – zuordnen oder unter die Schlagarten Clear, Drop und Drive einreihen. An dieser Stelle sollen vor allem jene Eigenheiten der Abwehr hervorgehoben werden, die sich aus der verkürzten Reaktions- und Bewegungszeit ergeben.

Zur Schlagvorbereitung
Man nimmt die Grundstellung ein, wobei der Abstand der Füße mindestens schulterbreit sein soll. Auf diese Weise kann man blitzschnell mit dem Körper Seitwärtsbewegungen ausführen, ohne den Fuß nachstellen zu müssen.
Ellbogen und Schläger befinden sich vor dem Körper, um dem Arm maximale Bewegungsfreiheit in alle Richtungen zu sichern. Die Gelenke der Arme und Beine sind locker gebeugt, der Oberkörper ist aufrecht oder mäßig nach vorn gebeugt.

Flache Abwehr
Man verzichtet auf eine Schleife und bringt den Schläger aus der frontalen Stellung durch eine rasche, kurze Vorwärtsbewegung in die Flugbahn des ankommenden Balls.

Kurze Abwehr
Der Schläger wird mit einer verkürzten weichen Schleife von unten gegen den Ball geführt. Die Flugkurve entspricht der des Unterhand-Drop.

Hohe Abwehr

Sie entspricht einem Unterhand-Clear; die Schleifenbewegung ist stark verkürzt, der Einsatz des Handgelenks und die Umwende-bewegung des Unterarms sind explosiv.

Flach/scharfe Abwehr

Sie ähnelt einem Drive mit kurzer, aber intensiver Schleife.

Tarnung und Täuschung

Ziel des Spielers muß es sein, den Gegner so lange wie möglich über die geplante Spielhandlung im unklaren zu lassen. Dies erreicht man, indem man den Bewegungsablauf für *verschiedene* Schlagarten aus dem *gleichen Treffbereich* bis kurz vor dem Treffen des Balls *möglichst identisch* gestaltet. Um trotz hohem Verschleierungseffekt eine effiziente Bewegungsausführung zu erreichen, sollten alle Körpersegmente in die Vorbereitung der Schlagbewegung einbezogen werden, die zur Ausführung der in diesem Treffbereich schnellstmöglichen Schlagart notwendig sind.

Auf höherer Spielebene reicht die Tarnung allein oft nicht mehr aus, einen Ballwechsel erfolgreich abzuschließen. Hier greift die Täuschung oder Finte: Durch entsprechende Gestaltung der eigenen Spielhandlung soll der Gegner zu einem *aktiven Fehlverhalten* verleitet werden. Der Erfolg der Täuschung beruht in erster Linie auf der Ausnutzung der Schwächen und Mängel des Gesichtssinns: Die Bewegungsgeschwindigkeit des Schlägerkopfs in der Beschleunigungsphase übersteigt häufig die Grenzen des menschlichen Aufnahmevermögens. Das Auge orientiert sich daher an den Körpersegmenten mit geringerer Geschwindigkeit (Arm, Rumpf). Da aber für die Flugrichtung des Federballs in hohem Maße die Stellung des Schlägerkopfs im Treffpunkt verantwortlich ist, resultiert aus einer Veränderung dieser Stellung kurz vor dem Treffpunkt ein entsprechender Täuschungseffekt.

Eine zweite Variante besteht darin, daß man die Geschwindigkeit des Schlägerkopfes unmittelbar vor dem Treffen des Federballs verändert, d. h. erhöht oder vermindert.

Der Erfolg jeder Finte hängt stark von den Eigenschaften und Fähigkeiten des jeweiligen Gegners ab. Auch Umweltbedingungen wie z. B. Lichtverhältnisse oder Beschaffenheit des Hallenbodens üben einen starken Einfluß auf die Effektivität einer Täuschung aus.

Abschließend ist zu betonen, daß Finten an die Bewegungskontrolle erhöhte Anforderungen stellen; körperliche und geistige Ermüdung verringern oft die Chancen auf eine erfolgreiche Ausführung einer Finte. Vielfach muß wegen der ungenügenden Vorbereitung des Schlags mit Einbußen in bezug auf Geschwindigkeit und Genauigkeit gerechnet werden. Und: Erst die vielfältige Variation der vorher beschriebenen Täuschungsmöglichkeiten bereitet dem Gegner permanente Antizipationsschwierigkeiten!

Lauftechnik

Ohne Zweifel zählen die schlagtechnischen Fertigkeiten zu den zentralen Leistungsvoraussetzungen des Badmintonspielers. Badminton ist jedoch vor allem auch ein Laufsport. Die Schlagtechnik muß also immer durch eine entsprechende Lauftechnik ergänzt bzw. überhaupt ermöglicht werden. Erst die *Lauftechnik* versetzt den Spieler in die Lage, den beabsichtigten Schlag auch unter Druck korrekt auszuführen und dem Ball die von der Taktik diktierte Flugbahn und Richtung zu geben.

Badminton ist ein schnelles Rückschlagspiel, das ein hohes Maß an Ausdauer verlangt.

Diese Kurzformel weist bereits auf die Anforderungen hin, denen eine optimale Lauftechnik entsprechen muß:

- Die Lauftechnik muß schnelle und zugleich ökonomische Bewegungen ermöglichen.
- Mit ihrer Hilfe muß der ankommende Ball in der für den geplanten Schlag erforderlichen Ausgangsstellung erreicht werden.
- Nach Beendigung der Schlagbewegung soll die Spielfeldmitte so schnell wie möglich gewonnen werden.
- Die Trainingsökonomie verlangt schließlich, daß komplizierte Bewegungen vermieden werden.

Ein kontrollierter, sicherer Schlag ist meist das Resultat einer Ganzkörperbewegung.

Oberstes Ziel des Badmintonspielers muß es daher sein – insbesondere bei komplexen Bewegungsabläufen –, vor Beginn der Schlagphase *hinter den Ball* zu gelangen. Die Vorteile einer Ganzkörperbewegung sind augenfällig:

- Durch die Gewichtsverlagerung in die Schlagrichtung verleiht man dem Schlag zusätzliche Intensität.
- Der Körpereinsatz erhöht den Effekt bei getäuschten Schlägen.
- Der Ausholweg wird verlängert, der Schlägerkopf beschreibt eine größere Schleife. Dies verbessert die Treffgenauigkeit und erhöht ebenfalls die Intensität.
- Die Gewinnung der Spielfeldmitte wird erleichtert, da bereits während des Schlags eine Bewegung in Richtung Netz stattfindet. Das gilt natürlich nur für Schläge, die zwischen Spielfeldmitte und Grundlinie ausgeführt werden.

Die zentrale Position

Man versteht unter zentraler Position einen Punkt an der Mittellinie, der das Spielfeld in Länge und Breite (und damit auch die Laufwege) etwa halbiert. Da aber dem Spieler für das Erkennen und Erreichen von in die vordere Feldhälfte geschlagenen Bällen nur wenig Zeit zur Verfügung steht und jeder Ball so hoch wie möglich angenommen werden sollte, entspricht die zentrale Position nicht genau der geographischen Spielfeldmitte; sie verlagert sich vielmehr etwa einen Schritt weiter nach vorn in Richtung Netz. Aus taktischen Gründen erfolgt mitunter auch eine Verschiebung gegen eine der Seitenlinien.

Grundsätzlich sollte man immer versuchen, nach Ausführung des eigenen Schlags die zentrale Position wieder zu gewinnen. Für die Rückkehr zur Mitte hat man so lange Zeit, wie sich der Ball in der Luft befindet. *Sobald aber der Gegner den Ball mit dem Schläger trifft, muß die eigene Laufbewegung beendet sein.*

Läuft man weiter, ist es für den Gegner ein Leichtes, durch entsprechendes Täuschen den Ball auf jenen Punkt zu spielen, den man gerade verlassen hat.

Ähnlich wie im Bereich der Schlagtechnik bietet die Lauftechnik eine Fülle von Bewegungsmöglichkeiten und -richtungen. Sie lassen sich jedoch wiederum auf acht Laufwege (zu ebensoviel Anspielpunkten im Spielfeld) und die dazugehörigen *Laufbewegungen* zurückführen. Diese Laufwege treffen in der zentralen Position zusammen und bilden eine sternförmige Figur.

Anders als beim leichtathletischen Lauf darf man die Arme während der Laufbewegung nicht mitschwingen lassen. Sie sollen vielmehr ruhig an der Körperseite gehalten werden, um die Ausholbewegung rechtzeitig einleiten zu können.

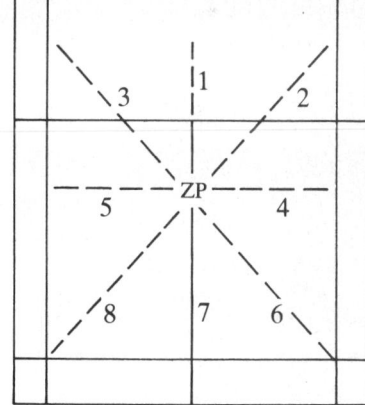

Die 8 Laufwege

ZP = Zentrale Position
— — — — — — Laufwege 1 bis 8

Der Lauf zum Netz und zurück
(Laufwege 1 bis 3)

Die Distanz zwischen der Feldmitte und dem jeweiligen Treffpunkt am Netz legt man mit normalen Laufbewegungen (Schritten) zurück, wobei der Körper bereits *mit dem ersten Schritt* aus
der Grundstellung in die Laufrichtung *gedreht* wird. Die Laufphase
schließt mit einem *Ausfallschritt
rechts* ab. Dabei sollte der Winkel
zwischen Ober- und Unterschen-
kel des rechten Beins 90 Grad
nicht unterschreiten; der linke
Fuß darf nicht nachgestellt werden (vgl. Bildreihen auf diesen
beiden Seiten). Die zentrale Position erreicht man durch normales
Rückwärtslaufen.

Die Zahl der Schritte bis zum Treffpunkt und zurück zur Mitte richtet sich nach den persönlichen Leistungsvoraussetzungen des Spielers wie Körpergröße, Kraftniveau, Schrittlänge usw. Allgemeingültige Aussagen über die erforderliche Schrittzahl oder darüber, mit welchem Bein zu starten ist, sind daher nicht möglich.

Das Spiel am Netz

Ist man selbst zum Spiel am Netz übergegangen, so läuft man nicht zur zentralen Position zurück, sondern stellt nur das im Ausfallschritt vorn aufgesetzte rechte Bein neben das linke. Häufig bleiben dem Gegner nach einem gut gespielten Netzball nur zwei Alternativen: Netz-Drop oder Verteidigungs-Clear. Den Netz-Drop erreicht man mit einem sprungähnlichen Ausfallschritt, den Verteidigungs-Clear durch normales Rückwärtslaufen.

Der Lauf zu den Seitenlinien und zurück
(Laufwege 4 und 5)

Um zu einem an die Seitenlinie gespielten Ball zu gelangen, macht man zunächst einen oder zwei Schritte (oder Nachstellschritte) und beendet die Laufphase mit einem *Ausfallschritt rechts.*

Die Rückkehr zur Mitte erfolgt durch entsprechende Schritte (oder Nachstellschritte).

Der Lauf zur Grundlinie und zurück
(Laufwege 6 bis 8)

Der Lauf parallel zur Mittellinie
(Laufweg 7)

Hat man genügend Zeit, läuft man mit normalen Schritten rückwärts *hinter den Ball* und schließt mit einem *Stemmschritt* ab. Dabei erfolgt der letzte Schritt mit dem rechten Bein, wobei die rechte Fußspitze zur Seitenlinie zeigt und Fuß-, Knie- und Hüftgelenk gebeugt werden. Mit Beginn der Schlagphase erfolgt durch schnellkräftige Streckung dieser Gelenke der Abdruck nach vorn/oben, verbunden mit einer Gewichtsverlagerung auf das linke Bein, das sich ebenfalls schnellkräftig streckt.

Um eine vorzeitige Auflösung der
Vorspannung in der rechten Körperseite zu verhindern, sollte man
die Streckung des Hüftgelenks bis
zum Treffen des Balls aufrechthal-
ten. Das rechte Bein befindet sich
also bis zum Treffpunkt hinter dem
linken oder auf gleicher Höhe mit
diesem. Erst in der Ausschwungphase erfolgt der erste Schritt in
Richtung Feldmitte durch Beugen
von Hüft- und Kniegelenk.

Steht für den Stemmschritt nicht genügend Zeit zur Verfügung, so wird der Schlag aus der Laufbewegung mit einem *Umsprung* nach hinten ausgeführt. Dabei erfolgt der Abdruck zum Sprung vom rechten Bein, dessen Fußspitze zur Seitenlinie zeigt. Gleichzeitig mit der Streckung des rechten Fuß-, Knie- und Hüftgelenks wird das linke Bein zurückgeführt.

Erst unmittelbar vor dem Treffen
des Balls sollte das rechte Bein zur
Vorbereitung einer sicheren Landung im Knie- und Hüftgelenk zunehmend gebeugt werden. Die
Landung erfolgt beidbeinig oder
einbeinig links (siehe Foto 3), wobei die linke Fußspitze zur linken
Seitenlinie zeigt.
Dies ergibt eine sichere Basis für
die Landung und den nachfolgen-
den Abdruck zum ersten Schritt
über das vorn aufgesetzte rechte
Bein in Richtung Feldmitte.

Der Lauf zur rechten hinteren Ecke
(Laufweg 6)

Hat man ausreichend Zeit, läuft man unter und hinter den Ball; in diesem Fall kommt die für Laufweg 7 besprochene Lauftechnik zur Anwendung.

Andernfalls läuft man zurück und schließt mit einem *Ausfallschritt rechts* ab (vgl. Bildreihe auf diesen beiden Seiten).

Die rechte Fußspitze zeigt je nach
Treffpunkt zur Seitenlinie oder in
die rechte hintere Ecke. Der Ball
kann im Überhandbereich auch
aus einem Sprung in Richtung Ekke geschlagen werden. Die Landung erfolgt einbeinig rechts oder
beidbeinig mit nachfolgendem
Abdruck zum Lauf in Richtung
Feldmitte.

Der Lauf zur linken hinteren Ecke

(Laufweg 8)

Erfolgt der Schlag mit der Vorhand, so läuft man rückwärts, wobei der Körper bereits mit dem ersten Schritt so in die Laufrichtung gedreht wird, daß der *Rücken* zum geplanten Treffpunkt zeigt. Mit einem *Stemmschritt* oder *Umsprung* schließt man die Laufphase ab.

Bei einem Rückhandschlag (Fotos links) dreht man sich mit dem ersten Schritt in Richtung hintere linke Ecke, läuft mit einer normalen Schrittfolge zum Treffpunkt und schließt die Laufphase mit einem *Ausfallschritt rechts* ab.

In beiden Fällen erfolgt die Rückkehr zur Feldmitte durch normalen Vorwärtslauf.

Der Sprung in die Höhe

Dieser Sprung stellt eine technisch-taktische Variante zu
Stemmschritt und Umsprung dar.
Sein Hauptziel ist die maximale
Verlängerung der Reichweite
nach oben; dies wird durch explo-
siven Einsatz der Streckmuskula-
tur der Beine erreicht. Damit der
Spieler seine gesamte Kraft zum
Sprung nach oben verwenden
kann, sollte er versuchen, *unter*
bzw. *hinter* den Ball zu gelangen.
Die Landung erfolgt entweder
einbeinig links oder beidbeinig.

Techniktraining

Das Techniktraining als motorischer Lernprozeß

«Techniktraining im Sport ist lernen neuer oder verbessern und vervollkommnen schon gekonnter Bewegungen. Motorisches Lernen geht über verschiedene Lernstufen: Erwerben – Verfeinern – Festigen – Anwenden – variables Verfügen» (LETZELTER). Im Verlauf des motorischen Lernprozesses nimmt der Übende Informationen auf, verarbeitet sie und wendet sie an. Anhand von Rückmeldungen wird das Ergebnis, also die Bewegung, laufend mit den Informationen verglichen und die Bewegung entsprechend korrigiert. Ziel des Prozesses ist die Ausformung eines stabilen Bewegungsablaufs, der an wechselnde äußere Bedingungen angepaßt werden kann.

Der Lernprozeß beginnt mit einer Vermittlung von *Information*: der Trainer informiert den Sportler über die zu lernende Bewegung, indem er sie zum Beispiel vormacht und entsprechende Erklärungen dazu abgibt. Die Sinnesorgane des Übenden nehmen die Information auf und leiten sie an das Zentralnervensystem weiter. Im Gehirn entsteht daraus ein erster *Bewegungsentwurf*.

Anhand dieses Entwurfs versucht nun der Sportler, die Bewegung auszuführen; zu diesem Zweck werden Impulse über die motorischen Nervenbahnen an die entsprechenden Muskelgruppen gesendet. Bereits während der ersten Ausführung werden die Bewegungen mit dem Entwurf verglichen und Differenzen festgestellt; der Bewegungsentwurf wird entsprechend ergänzt oder korrigiert. Zusätzlich stellt der Trainer Abweichungen fest und liefert dem Übenden durch seine Anweisungen weitere Informationen. Dieser Vorgang wiederholt sich so lange, bis die Bewegung stabilisiert und automatisiert ist.

Fehlerkorrektur

Die Fehlerkorrektur nimmt einen wichtigen Platz im Rahmen des motorischen Lernprozesses ein. Man unterscheidet drei Phasen:

- die Wahrnehmung der Bewegung durch den Trainer. In dieser Phase liegt oft die Ursache für einen falschen oder unvollständigen Korrekturhinweis, da das menschliche Auge schnelle Bewegungen nicht mehr vollständig wahrnehmen kann und außerdem durch vorgefaßte Meinungen beeinflußt wird.

- die Analyse des Wahrgenommenen, das heißt der Vergleich der tatsächlich ausgeführten Bewegung mit ihrem Idealbild und die Feststellung der Abweichung (Fehlersehen).
- der Korrekturhinweis. Je früher die Korrektur erfolgt, desto effektiver ist sie. Der Hinweis darf sich nicht in einer bloß negativen Feststellung des Fehlers erschöpfen («das war falsch»), sondern muß die Ursache des Fehlers aufzeigen und eine Anweisung zu seiner Beseitigung enthalten.

Zur Dosierung der Information
Der Mensch kann nur ein bestimmtes Quantum neuer Information gleichzeitig aufnehmen und verarbeiten:
- 10- bis 14jährige: 2 bis 3 Informationen
- 15- bis 18jährige: 4 bis 5 Informationen

Wird diese Grenze überschritten, so überlagern die zum Schluß aufgenommenen Informationen die am Beginn erhaltenen. Dies gilt auch vollinhaltlich für die Fehlerkorrektur; man sollte daher immer nur *einen* Fehler korrigieren und sich erst nach seiner Beseitigung der Verbesserung des nächsten widmen.

Phasen des motorischen Lernens
Nach MEINEL unterscheidet man drei Lernphasen:
- die Entwicklung der Grobkoordination (Grobformung der Bewegung);
- die Entwicklung der Feinkoordination (Feinformung);
- die Festigung und Anpassung an wechselnde Bedingungen (Feinstformung).

Die *Grobform* der Bewegung wird am Ende der ersten Lernstufe erreicht. Kennzeichen dieser Phase sind:
- mangelhafte Verbindung der Teilbewegungen,
- übermäßiger Kraftaufwand, rasche Ermüdung,
- große Instabilität.

Durch laufende Korrektur und bewußtes Üben erfolgt die *Feinformung*. Am Ende dieser Phase kann die Technik nahezu fehlerfrei ausgeführt werden, allerdings nur unter störungsfreien Standardbedingungen. Kennzeichen der Feinform sind:
- genaue und sichere Ausführung,
- bewußtes Ausführen der Bewegung,
- Labilität bei Änderung der Bedingungen.

In der dritten Phase gelingt die Bewegung auch unter Stressbedingungen, das heißt im Wettkampf. Es kommt zur *Automatisation* der Bewegung; die Aufmerksamkeit kann auf andere Faktoren (z. B. Taktik) gerichtet werden.

Zur Methodik der Technikschulung

Methodische Hilfsmittel

Je genauer die Vorstellung des Spielers von der zu lernenden Bewegung ist, desto schneller geht der Lernprozeß vor sich. Im Badmintontraining bieten sich zur Schaffung eines präzisen Bewegungsentwurfs beim Übenden folgende Hilfsmittel an:

● sprachliche (verbale) Hilfsmittel

Beschreibung ⎫
Erklärung   ⎬ der Bewegung
Korrektur   ⎭

● visuelle Hilfsmittel

Vormachen der Bewegung

Demonstration: wesentliche Elemente der Bewegung besonders hervorheben

Einsatz von Fotos, Bildreihen, Filmen, Videogeräten usw.

● Bewegungshilfen

Der Trainer führt den Schläger oder Arm des Übenden, um ihm eine ‹Innenansicht› der korrekten Bewegung durch den Muskelsinn zu vermitteln.

Methodische Reihe

Da die Badminton-Technik viele komplexe Bewegungen enthält, gelingt ein ‹Lernen auf Anhieb› im allgemeinen nur Kindern im besten motorischen Lernalter, etwa zwischen dem 9./10. und 12./13. Lebensjahr. Bei ihnen genügt es oft, eine Bewegungsaufgabe zu stellen, die dann von den Kindern selbständig gelöst wird. Oft ist aber diese Methode nicht erfolgreich oder zu zeitaufwendig. Man bedient sich dann der methodischen Reihe; dabei handelt es sich um die Zerlegung einer Bewegung in sinnvolle Teilbewegungen, die schrittweise in einem festgelegten Verfahren erlernt werden. Man geht stufenweise vor:

● vom Leichten zum Schweren,
● vom Bekannten zum Unbekannten,
● vom Elementaren zum Komplexen.

Methodische Maßnahmen und Lernphasen

«Das Erlernen von Bewegungsfertigkeiten geschieht hauptsächlich durch das Üben. Das Üben ist damit das zentrale Medium zur Schulung einer Technik» (MARTIN). Der Übungsinhalt richtet sich dabei nach dem Könnensstand der Übenden und dem Lernziel. Diese Aussage gilt auch vollinhaltlich für die im Training verwendeten methodischen Maßnahmen.

Am Beginn der Technikschulung stehen das Sammeln grundlegender Bewegungserfahrungen und die Schaffung der Grundvoraussetzungen. Bestens dafür geeignet sind alle Wurfspiele und die im Abschnitt «Ballgewöhnungs- und Geschicklichkeitsübungen» aufgezählten Beispiele. Die Grobformung der grundlegenden Bewegungsabläufe erfolgt entweder durch ‹erarbeitendes Üben›; die Lernenden finden dabei selbst die ganzheitliche Grobform durch oftmaliges Versuchen und Üben, der Trainer unterstützt sie durch Vormachen, Hinweise und Hilfen. Als zweite Möglichkeit bietet sich die methodische Reihe an; zahlreiche Beispiele für dieses Verfahren finden sich im Abschnitt «Methodische Reihen zum Erlernen der grundlegenden Schlag- und Lauftechnik».

In der Phase der *Feinformung* steht dann das bewußte Lernen im Vordergrund; Einzelteile der Bewegung werden herausgelöst und geschult, die Hintergründe der Technik werden erklärt. Die dazugehörigen Übungsformen sind im Abschnitt «Trainingsformen für Fortgeschrittene und Spitzenspieler» zusammengefaßt.

Die letzte Lernstufe dient der *Stabilisierung* und *Automatisation* der Technik, also ihrer Vervollkommnung. Es muß mit hoher Intensität, das heißt unter Stress- und Extrembedingungen trainiert werden. Der Abschnitt «Komplextraining» versucht, Anregungen und Hinweise zur Gestaltung dieses Trainings, das auch die speziellen Konditionseigenschaften schult, zu geben.

Zum Problem des Umlernens

Häufige Wiederholung einer nicht richtig ausgeführten Bewegung führt zur Stabilisierung von falschen Bewegungsmustern. Eine Bewegungskorrektur sollte daher spätestens im Stadium der Feinformung einsetzen. Ein späteres Umlernen führt immer zu einer vorübergehenden Leistungsminderung, da sich alte und neue Technik – vor allem unter den Stressbedingungen des Wettkampfs – überlagern und negativ beeinflussen.

Ballgewöhnungs- und Geschicklichkeitsübungen

a) Erläuterung des Spielgeräts und des Spielfelds
b) Demonstrieren, Erklären und Üben der Schlägerhaltung
c) Demonstration und Erläuterung des Hochtippens des Balls
d) Hochtippen mit Vor- und Rückhand unter Verwendung der Schleife
e) Demonstration und Erklärung des Ausfallschritts, anschließend Üben ohne und mit Ball
f) Gehen im Kreis, durcheinander, dabei Tippen mit Schleife
g) Laufen und Tippen, vorwärts, rückwärts, Überwinden von Hindernissen (Langbank u. ä.)
h) Aufheben des Balls mit dem Schläger mit Ausfallschritt, ohne die linke Hand zu verwenden
i) Hochtippen und Auffangen mit dem Schläger, mit Ausfallschritt
j) Gymnastik mit Hochtippen und Auffangen (Hinsetzen – Aufstehen, hüpfend, einbeinig usw.)
k) Staffelformen mit den unter (d) bis (j) beschriebenen Übungen

Methodische Reihen
zum Erlernen der grundlegenden Schlag- und Lauftechnik

Um dem Übenden eine entsprechende Bewegungsvorstellung zu vermitteln, wird zunächst der zu lernende Bewegungsablauf demonstriert und erklärt.
Dieser erste Schritt im Lernprozeß wird bei den einzelnen Reihen nicht mehr eigens erwähnt.
Zusätzlich sind bei jedem Bewegungsablauf die häufigsten Fehler und ihre Ursachen angeführt; Korrekturhilfen sollen dem Trainer Hinweise zu ihrer Beseitigung geben.

Hoher Aufschlag
a) Bewegungsausführung mit Schläger ohne Ball
b) Versuch der Bewegungsausführung mit Ball
c) Aufschlag gegen die Wand, auf ein Ziel
d) Ausführung der Gesamtbewegung auf dem Spielfeld

Hauptfehler und Korrekturhilfen bei hohem Aufschlag

Hauptfehler	Ursachen	Korrekturhilfen
Ball wird überhaupt nicht oder nur mit dem Rahmen getroffen	– mangelnde Koordination Auge–Hand – hastige, unrhythmische Schlagphase	– Augen auch nach dem Treffen des Balls *bewußt* auf dem Treffpunkt belassen – Bewegungsrhythmus ohne Ball üben – Ball mit linker Hand bis in Kopfhöhe heben und damit Falldauer bzw. Zeit verlängern, die für den Schlag zur Verfügung steht
Flugkurve zu flach	– rechte Hüfte und Schulter werden nicht in Schlagrichtung gedreht, Ball wird neben statt vor dem Körper getroffen	– Üben des Körpereinsatzes ohne Ball – Federball so fallen lassen, daß er deutlich vor der linken Fußspitze den Boden treffen würde
Flugkurve zu kurz, Ball trifft nicht im Grundlinienbereich auf	– Pronation und Handgelenkeinsatz sind zu schwach oder gar nicht vorhanden – Ausschwungphase wird vorzeitig abgebremst, dadurch negative Beeinflussung der Schlaggeschwindigkeit knapp vor Treffpunkt	– Verbesserung des Unterarm/Handgelenkeinsatzes durch Üben der Achterschleife – Üben ohne Ball mit betonter Ausschwungphase

Vorhand-Überkopf-Clear aus dem Stand

a) Wurf aus dem Stemmschritt mit Hand-, Schag- oder Softball

b) Wurfbewegung aus dem Stemmschritt mit Federball, Partner fängt Ball in Kopfhöhe mit linker Hand (Übung zur Einnahme des ‹Dreiecks›)

c) ‹Trockenübung›: Bewegungsausführung mit Schläger ohne Ball

d) Bewegungsausführung am Pendel

e) Clear gegen die Wand, Partner wirft Federball mit der Hand zu

f) Hoher Aufschlag – Clear aus dem Stand (kein Ballwechsel!)

Hauptfehler und Korrekturhilfen bei Vorhand-Überkopf-Clear aus dem Stand

Hauptfehler	Ursachen	Korrekturhilfen
Ball wird überhaupt nicht oder nur mit dem Rahmen getroffen	– mangelnde Koordination Auge–Hand	– Kopf und Augen auch nach dem Treffen des Balls kurz auf dem Treffpunkt belassen, nicht sofort dem Ball nachblicken
Ball wird hinter dem Körper getroffen, Flugkurve zu sehr nach oben gerichtet	– Schlagphase wird zu spät eingeleitet – rechte Hüfte, Schulter und Ellbogen werden nicht in Schlagrichtung gedreht – linker Arm bleibt vor dem Körper und blockiert den Einsatz der rechten Schulter	– Einleitung der Schlagbewegung auf Zuruf des Trainers – Üben der Wurfbewegung mit Bällen, ‹Trockenübung› und Üben am Pendel mit betontem Einsatz von Hüfte, Schulter und Ellbogen – Üben ohne und mit Ball mit aktivem Herabführen des linken Arms
Ball wird über der rechten Schulter statt über dem Kopf getroffen	– Arm ist gebeugt – Ausholbewegung ist nicht richtig: rechte Hand nicht unmittelbar neben dem Kopf – Dreieckstellung fehlt – Schläger wird neben oder hinter dem Körper hochgeführt	– Üben am Pendel mit locker gestrecktem Arm – Üben der Ausholbewegung ohne und mit Ball; dabei achten auf Einnahme der Dreieckstellung
Flugbahn zu kurz, Ball trifft nicht im Grundlinienbereich auf	– Schleifenbewegung wird unterbrochen oder unterdrückt – Schlagbewegung zu langsam	– bewußtes Üben der Schleife ohne und mit Ball unter Betonung der wichtigen Phasen: lockeres Abkippen des Handgelenks zur Einleitung der Schleife, Drehung von Schulter und Ellbogen in Schlagrichtung – Schulung des Schlagrhythmus mit lockerem ersten Teil der Schleife und starker Beschleunigung vor Treffen des Balls

Rückwärtslauf zur Grundlinie und zurück

(Laufweg 7)

a) Feststellung der individuell notwendigen Schrittzahl zur Überbrük-
   kung der Entfernung Spielfeldmitte–Grundlinie
b) Üben des Rückwärtslaufs in den Stemmschritt, mit Schläger ohne
   Ball
c) wie (b) mit Schlagausführung ohne Ball
d) wie (c) mit Ball, Partner spielt hohe Aufschläge (kein Ballwechsel!)
e) Einführung des Umsprungs (‹Viererrhythmus›)
   1. Takt: Zurückstellen des rechten Beins aus der Grundstellung
   2. Takt: Umsprung auf das linke Bein mit Scherbewegung in der
            Luft
   3. Takt: Vorsetzen des rechten Beins in Richtung Spielfeldmitte
   4. Takt: Nachstellen des linken Fußes in die Grundstellung
f) wie (b), in den Umsprung, ohne Ball
g) wie (c), mit Umsprung, ohne Ball
h) wie (d), mit Umsprung

Vorhand-Überkopf-Clear aus dem Lauf

a) Clear – Clear mit Stemmschritt und Umsprung, ein Spieler statio-
   när auf Position 7, ein Spieler mit Laufweg 7 (Mitte-Position 7 und
   zurück)
b) Clear – Clear, beide Partner aus dem Lauf

Hauptfehler und Korrekturhilfen bei Clear aus dem Stemmschritt

Hauptfehler	Ursachen	Korrekturhilfen
Ball wird nicht vor dem Körper, sondern über dem hinten aufgesetzten *rechten* Fuß getroffen	– keine oder zuwenig ausgeprägte Abstoßbewegung, Gewicht bleibt auf dem rechten Bein	– Üben der Abstoßbewegung mit betonter Streckung des Fuß-/Knie-/Hüftgelenks – Üben des Stemmschritts mit bewußter Gewichtsverlagerung ohne Ball und am Pendel

Hauptfehler und Korrekturhilfen bei Clear aus dem Umsprung

Hauptfehler	Ursachen	Korrekturhilfen
Nach der einbeinigen Landung links wird das rechte Bein *hinter* das linke gesetzt	– Scherenbewegung der Beine zu wenig ausgeprägt, linkes und rechtes Bein bei der Landung zu nahe beisammen, Körperschwerpunkt daher nicht zwischen den Beinen	– Üben des Umsprungs ohne Ball mit Betonung der Scherbewegung – Üben am Pendel und gegen die Wand mit betontem Nachvornesetzen des rechten Beins

Vorhand-Clear links vom Kopf

a) Üben des Umsprungs nach links ohne Ball
b) Lauf nach Position 8 und Umsprung ohne Ball
c) wie (b), mit Schlagbewegung ohne Ball
d) Flach/weiter Aufschlag – Clear links vom Kopf aus dem Umsprung
e) Ein Partner Clear links vom Kopf aus dem Umsprung, der andere Spieler übt den Überkopf-Clear aus dem Stemmschritt

Hauptfehler und Korrekturhilfen bei Vorhand-Clear links vom Kopf

Hauptfehler	Ursachen	Korrekturhilfen
Spieler macht nach einbeiniger Landung links einen Schritt in linke hintere Ecke	– linkes Bein nicht weit genug seitlich abgespreizt – Beugung des Oberkörpers nach links zu wenig ausgeprägt	– Üben des Umsprungs nach links mit betontem Abspreizen des linken Beins ohne und mit Ball – Verbesserung der Rumpfbeweglichkeit durch Dehngymnastik
Ball fliegt bei Schlag parallel zur linken Seitenlinie ins Seitenaus	– falsche Schlägerhaltung	– Während der Ausholbewegung bewußtes Drehen des Schlägergriffs in Richtung ‹5 vor 5›

Vorhand-Überhand-Clear

a) Üben des Ausfallschritts rechts

b) Lauf nach Position 6 und Ausfallschritt rechts

● Weitere Reihe siehe «Clear» links vom Kopf (c) bis (e).

Hauptfehler und Korrekturhilfen bei Vorhand-Überhand-Clear

Hauptfehler	Ursachen	Korrekturhilfen
Ball fliegt bei Schlag parallel zur rechten Seitenlinie ins Seitenaus	– falsche Schlägerhaltung	– während der Ausholbewegung bewußtes Drehen des Schlägergriffs in Richtung ‹5 nach 7›
Ball wird ohne Schleife nur durch Beugung des Handgelenks geschlagen	– rechter Fuß und Oberkörper zeigen nicht zur Seitenlinie, sondern zum Netz	– Üben des Ausfallschritts mit betonter Seitwärtsdrehung des Oberkörpers ohne Ball, am Pendel

Vorhand-Überkopf-Smash

a) Smash gegen die Wand (Ziel: Fußleiste), Partner wirft den Ball von der Seite mit der Hand zu

b) Hoher Aufschlag, Smash auf die Knie des Aufschlägers

● Weitere Reihe zum Erlernen des Smash aus dem Lauf, siehe «Clear».

Der Aufschläger versucht, den ankommenden Ball mit dem Schläger aufzufangen. Kein Ballwechsel!

Hauptfehler und Korrekturhilfen bei Vorhand-Überkopf-Smash

Hauptfehler	Ursachen	Korrekturhilfen
Flugbahn zu flach und weit	– Schlägerkopf im Treffpunkt nicht vor Handgelenk	– Üben am Pendel mit betontem Einsatz von Unterarm/Handgelenk – Smash auf Ziele, wobei der Ball so weit wie möglich vor dem Körper getroffen werden muß

Hauptfehler	Ursachen	Korrekturhilfen
Ball fliegt ins Netz	– Arm ist gebeugt – unrhythmischer Bewegungsablauf, zu starke Pronation/Handgelenkeinsatz	– Üben am Pendel mit lockerer Streckung des Arms – Üben am Pendel mit mäßiger Geschwindigkeit und lockerrhythmischem Ablauf

● Weitere Fehler und Korrekturhilfen siehe «Überkopf-Clear».

Vorhand-Smash links vom Kopf/Vorhand-Überhand-Smash
Übungsreihen können aus den Übungen für den Clear links vom Kopf, den Überhand-Clear und den Überkopf-Smash zusammengestellt werden.

Vorhand-Überkopf-/Überhand-/Links-vom-Kopf-Drop
Zunächst sollte der langsame Drop geübt werden. Wenn dieser in der Grobform beherrscht wird, geht man zur Schulung des schnellen Drop über. Der Partner schlägt dabei hohe Aufschläge und versucht, den ankommenden Ball mit dem Schläger aufzufangen. Dabei führt er einen Ausfallschritt aus. Für die Zusammenstellung einer kompletten Reihe – Übung ohne Ball, am Pendel usw. – wird auf die bei Clear und Smash angeführten Übungen verwiesen.

Hauptfehler und Korrekturhilfen bei Vorhand-Überkopf-/Überhand-/Links-vom-Kopf-Drop

Hauptfehler	Ursachen	Korrekturhilfen
langsamer Drop: Ball fliegt zu weit	– Schleife ist zu schnell, Schlägerkopf wird zu stark beschleunigt	– Üben der Bewegung ohne Ball mit betonter Verlangsamung kurz vor Treffpunkt – akustische Kontrolle: Berührung Ball–Schläger darf kaum hörbar sein – Üben am Pendel, wobei Schlägerkopf unmittelbar nach Treffen des Balles abgestoppt wird

Hauptfehler	Ursachen	Korrekturhilfen
Ball fliegt ins Netz	– keine Gewichtsverlage-rung, Körper bewegt sich im Treffpunkt nach hin-ten oder unten	– Üben ohne und mit Ball mit betonter Gewichts-verlagerung nach *vorn*
keine Täuschung des Gegners	– Aushol- und Schlag-phase unterscheiden sich von Clear bzw. Smash	– Üben der Gesamtbewe-gung ohne Ball, am Pendel und im Feld mit betonter Ausholphase und Schleife

● Weitere Fehler und Korrekturhilfen siehe «Clear» und «Smash».

Vorhand-Unterhand-Clear

a) Schlagbewegung mit Ausfallschritt ohne Ball
b) wie (a), mit Ball, Partner wirft Ball zu
c) wie (b), Partner schlägt Drop
d) Lauf ans Netz und Ausfallschritt ohne Ball
e) wie (d), mit Ball, Partner schlägt Drop

Hauptfehler und Korrekturhilfen bei Vorhand-Unterhand-Clear

Hauptfehler	Ursachen	Korrekturhilfen
Wiederholtes Treffen des Balls mit dem Rahmen	– mangelnde Koordina-tion Auge–Hand	– Augen nach dem Treffen des Balls bewußt auf dem Treffpunkt belassen, Ball nicht sofort nachblicken
Flugkurve zu flach	– Ball wird neben statt vor dem Körper ge-troffen	– rechte Fußspitze muß auf ankommenden Ball zei-gen; Üben der Bewegung mit betonter Drehung des Körpers zum Ball
Flugkurve zu kurz; siehe hoher Aufschlag		
Ball fliegt ins Netz	– Schlagbewegung nicht von unten nach oben, sondern von hinten nach vorn	– Üben der Schleife ohne und mit Ball mit beton-ter Führung des Schlä-gers nach vorn-*oben*

Spiel am Netz

Heben

a) Ball mit Schleife hochtippen, Treffpunkt in Bauch bis Brusthöhe, Flughöhe immer mehr reduzieren
b) Paarweise in kurzer Distanz gegenüberstehn, Ausfallschritt rechts nach vorn, abwechselnd den Ball hochtippen
c) Paarweises Tippen über das Netz
d) Heben am Netz

Hauptfehler und Korrekturhilfen beim Heben

Hauptfehler	Ursachen	Korrekturhilfen
Ball fliegt zu hoch über das Netz	– Handgelenk und Unterarm werden zu stark eingesetzt – zu hastige Ausführung	– ‹Trockenübung› mit minimalem Einsatz der Gelenke und ruhigen Bewegungen
Ball fliegt zu weit in das Feld	– Schlägerkopf nicht parallel zum Boden	– Üben der Bewegung ohne und mit Ball mit bewußter waagerechter Stellung des Schlägerkopfes
Ball fliegt nicht über das Netz	– Bewegung zu steif, zu geringer Einsatz des Handgelenks	– ‹Trockenübung› mit weichem, dosiertem Einsatz des Handgelenks

‹Töten›, Wischen

a) Partner wirft Ball über das Netz, Spieler tötet oder wischt
b) Partner spielt Unterhandschläge, Spieler tötet oder wischt

Hauptfehler und Korrekturhilfen beim ‹Töten› und Wischen

Hauptfehler	Ursachen	Korrekturhilfen
Ball wird in das Netz geschlagen	– Oberkörper wird während der Bewegung nach vorn gebeugt	– ‹Trockenübung› mit Ausfallschritt und betont aufgerichtetem Oberkörper
Ball fliegt über die Grundlinie ins Aus	– Schlägerkopf im Treffpunkt nicht vor Handgelenk	– Üben der Bewegung ohne und mit Ball, wobei Schlag nur aus dem *Handgelenk* erfolgen muß

Smash-Abwehr

a) Hoher Aufschlag – Smash – Versuch, den Ball mit dem Schläger aufzufangen
b) Aufschlag – Smash – flache Abwehr
c) Aufschlag – Smash – Versuch der kurzen Abwehr
d) Aufschlag – Smash – hohe Abwehr

Hauptfehler und Korrekturhilfen bei Smash-Abwehr

Hauptfehler	Ursachen	Korrekturhilfen
Ball wird erst in Körperhöhe oder hinter dem Körper getroffen, daher kein kontrollierter Schlag	– Schläger nicht in Grundstellung – Ellbogen nicht vor dem Körper	– Üben mit bewußter Einnahme der Grundstellung, mit Ball – Partner schlägt Smash mit reduzierter Geschwindigkeit
Ball wird zu tief getroffen	– Spieler nicht auf der zentralen Position, sondern dahinter	– Markierung der zentralen Position (mit Handtuch), Spieler muß auf Höhe der Markierung abwehren
Ball fliegt zu weit (kurze Abwehr)	– Schlägerkopf nicht unter dem Ball – Spieler schlägt zu hart gegen den ankommenden Ball	– ‹Trockenübung› mit dosiertem Unterschnitt – Abwehr gegen mäßig harten Smash auf Ziele im Netzbereich

Rückhand-Unterhand-Clear

a) Üben der Rückhandschleife ohne Ball
b) Auftippen mit Rückhand, Ball sollte Decke berühren
c) Unterhand-Clear im Feld, Partner wirft Ball zu
d) Unterhand-Clear, Partner spielt Drop
e) Lauf ans Netz, Ausfallschritt und Schlagbewegung ohne Ball
f) wie (e), mit Ball

Rückhand-Überhand-Drop

a) Üben der Bewegung mit Ausfallschritt in die linke hintere Ecke ohne Ball
b) Üben mit Ball am Pendel

c) Drop gegen die Wand, Partner wirft Bälle mit der Hand zu
d) Hoher Aufschlag – Drop
e) Drop – Unterhand-Clear

Rückhand-Überhand-Clear

a) Aus dem Mittelfeld in das gegnerische Mittelfeld
b) Aus dem Grundlinienbereich in das gegnerische Mittelfeld
c) Versuch, aus dem Grundlinienbereich Ball zur gegnerischen Grundlinie zu schlagen
d) Rückhand-Clear und -Drop aus dem Lauf (Laufweg 8)

Hauptfehler und Korrekturhilfen bei Rückhand-Drop und -Clear

Hauptfehler	Ursachen	Korrekturhilfen
Ball fliegt bei Schlag parallel zur linken Seitenlinie ins Seitenaus	– falsche Schlägerhaltung	– während der Ausholbewegung bewußtes Drehen des Schlägergriffs in Richtung ‹5 vor 5›
Ball wird aus Körperrotation und Armschwung ohne Supination geschlagen	– rechte Schulter zeigt nicht zum linken Netzpfosten oder zur Seitenlinie – Schläger wird ohne Schleifenbewegung nach hinten geführt	– Üben des Ausfallschritts und der Körperdrehung zum Ball – Üben mit Ball, wobei Zuspiel so erfolgt, daß der Übende den Ball erst in Höhe des Körpers trifft – Üben der Schleife ohne Ball und am Pendel
Ball wird durch Streckung des palmar gebeugten Handgelenks geschlagen	– mangelhaftes Muskelempfinden, Spieler beugt Ellbogen- und Handgelenk gleichzeitig	– ‹Trockenübung›, Spieler muß während des ersten Teils der Schleife immer seinen Handrücken sehen

Zur Gestaltung der methodischen Reihen in der Trainingspraxis

Bei den Übungsfolgen handelt es sich um *Standardreihen*. Sie sind nicht als ‹Gebrauchsanweisungen› zu verstehen, sondern sollen Anregungen zur Gestaltung des Übungsbetriebs bieten. Es bleibt dem Einfallsreichtum des Spielers oder Trainers überlassen, die Übungsreihen zu verändern, zu kürzen oder zu ergänzen – sie also an die konkrete

Situation des Vereins und an die Bedürfnisse der Übenden anzupassen.
Der Lernfortschritt hängt nicht nur vom methodischen Aufbau des Übungsguts, sondern auch von einem reibungslosen Ablauf des Übungsbetriebs ab. Die optimale Teilnehmerzahl pro Feld liegt dabei bei 4 oder 6. Sind mehr Spieler zu beschäftigen, empfiehlt sich die Einrichtung eines *Stationsbetriebs*.
Während sich eine Gruppe auf dem Spielfeld befindet, übt die zweite Gruppe im Raum um die Spielfelder bzw. zwischen ihnen. Dafür bieten sich alle vorbereitenden Übungen an (Ballwurf usw.), ebenso das Erlernen der Schlag- und Laufbewegungen mit Schläger, aber ohne Ball. Auch alle Lauf-, Wurf- und Sprungübungen, das Spiel gegen die Wand und die Achterschleife eignen sich für diesen Teil des Stationsbetriebs.

Zur Schulung der komplexen Spielfähigkeit

Neben der Entwicklung der motorischen Eigenschaften (Ausdauer, Kraft usw.) nimmt das Techniktraining im Anfängerbereich eine zentrale Rolle ein, da es im ‹freien Spiel› sehr bald zur Verfestigung der falschen Bewegungsabläufe kommt. Trotzdem darf die Entwicklung der *Spielfähigkeit* keineswegs vernachlässigt werden, da
- sie ein wesentlicher Leistungsfaktor ist und nur unter Spielbedingungen geschult werden kann;
- das Techniktraining relativ rasch zur zentralen Ermüdung führt und daher das Üben bei Auftreten von Konzentrationsmängeln der Teilnehmer beendet werden muß;
- vor allem bei Anfängern im Kinder- und Schüleralter der freudebetonte und spielerische Charakter des Trainings im Vordergrund stehen sollte.
Der Anfänger darf aber nur mit Spielformen konfrontiert werden, die er mit seinen technischen Möglichkeiten bewältigen kann. Durch Veränderung der *Spielbedingungen*, vor allem des Spielfelds, des Zielgebiets und der Spielregeln, wird der Schwierigkeitsgrad der Spielformen allmählich gesteigert. Gleichzeitig wird der Spieler gezwungen, vor allem jene technischen Fertigkeiten zu verwenden, die er im Techniktraining bereits in der Grobform gelernt hat. Ein Beispiel soll dieses Konzept verdeutlichen.

Beherrschen die Spieler den hohen Aufschlag, Clear und Smash in der Grobform, so sollte das Spielfeld (gleich Zielgebiet) auf den Raum zwischen Grundlinie und vorderer Aufschlaglinie bzw. Mittellinie und einer Seitenlinie beschränkt werden. Dadurch sind die Übenden gezwungen, mit den von ihnen bereits in der Grobform gekonnten technischen Fertigkeiten zum Erfolg zu gelangen. Stünde das Spielfeld in seiner vollen Länge zur Verfügung, besteht unweigerlich die Tendenz, Punkte mit einem zwar genau gespielten, technisch aber falsch ausgeführten Drop zu erzielen, da meist Lauftechnik und/oder Schnelligkeit des Gegners zum rechtzeitigen Erreichen des Balls nicht ausreichen.

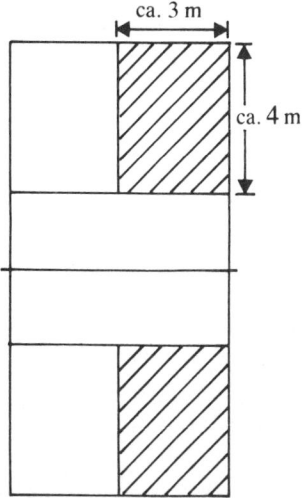

ca. 3 m

ca. 4 m

Schulung der komplexen Spielfähigkeit Schraffierte Fläche = Spielfeld für Spieler, die hohen Aufschlag, Clear und Smash in Grobform beherrschen

Trainingsformen für Fortgeschrittene und Spitzenspieler

Unabdingbare Voraussetzung für ein sinnvolles Training ist die Beherrschung aller Übungselemente zumindest in der Grobform. Mängel in der Schlag- oder Lauftechnik führen zu häufigen Unterbrechungen der Ballwechsel, damit zu Intensitätseinbußen, zu einem geringen Trainingseffekt und zu Motivationsverlusten bei den Spielern.

Grobe Fehler im Bewegungsablauf sollte man vor dem Beginn eines Intensivtrainings beheben, da hohe Wiederholungszahlen den Fehler stabilisieren.

Die Zahl der möglichen Übungsvarianten ist verwirrend groß; als Richtschnur für die Zusammenstellung eines Übungsprogramms sollte immer die *taktische Relevanz* dienen. Der Spieler oder Trainer muß sich daher im klaren sein, ob eine Übung auch die taktische Handlungsfähigkeit positiv beeinflußt oder ob sie zur Automatisierung von taktischem Fehlverhalten führt.

Das Training der Schlag- und Lauftechnik nimmt im Jahresprogramm des Badmintonspielers einen wichtigen Platz ein. Allerdings verfolgt der Spitzenspieler etwas andere Ziele als der Fortgeschrittene; diese Tatsache beeinflußt sowohl die Auswahl der Übungsinhalte als auch die Dosierung des Trainings hinsichtlich Umfang und Intensität. Eine kurze Übersicht soll die unterschiedlichen Zielsetzungen auf den verschiedenen Leistungsebenen illustrieren.

Trainingsform	Hauptziele für Fortgeschrittene	Hauptziele für Spitzenspieler
Training der Schlagtechnik	Feinformung und Stabilisierung der grundlegenden Fertigkeiten	Stabilisierung, Ökonomisierung, Erlernen zusätzlicher Varianten
Training der Lauftechnik	Feinformung und Stabilisierung	Ökonomisierung
Kombinationstraining	Erlernen der Koordination von Schlag- und Laufbewegungen	Verbesserung der Koordination
Komplextraining	Herausbildung der speziellen Kondition in Verbindung mit dem Techniktraining	Verbesserung und Stabilisierung der speziellen Kondition

● Die im folgenden verwendeten Abkürzungen und Symbole sind auf der hinteren Umschlaginnenseite erläutert.

Training der Schlagtechnik

a) P schlägt hohe Aufschläge, S schlägt Angriffs-Clear, Drop, Smash aus dem Stand.

b) P schlägt hohe Aufschläge, S schlägt Clear, Smash, Drop; die Bälle müssen in einem markierten Zielgebiet landen. Als Ziele können Zeitungen, Handtücher u. ä. verwendet werden. Das Zielgebiet sollte ständig verkleinert werden. S schlägt dabei die Bälle in den Treffbereichen   Vorhand-Überkopf-Überhand/Links-vom Kopf bzw. Rückhand-Überhand. P trainiert den hohen Aufschlag.

c) Netzspiel
S_1 und S_2 stehen sich am Netz gegenüber und spielen die Bälle mit Vor- und Rückhand.

S_1 schneidet oder sticht die Bälle, S_2 hebt;
S_1 ‹tötet› oder wischt, S_2 hat mehrere Bälle und versucht, den Ball ‹im Spiel› zu halten.

d) Training mit drei Spielern
S schlägt Angriffs-Clear, Smash und Drop von der Grundlinie in regelmäßiger Reihenfolge, dann unregelmäßig.
P_1 wehrt Smash und Drop mit einem Unterhand-Clear ab, P_2 schlägt den Verteidigungs-Clear.
S wehrt mit Unterhand-Drop und Unterhand-Clear ab, P_1 spielt Überkopf-Smash und -Drop, P_2 spielt Unterhand-Drop.

Bei diesen Übungen schlägt S die Bälle anfangs nur auf einen Anspielpunkt, und zwar zunächst parallel zur Seitenlinie, dann diagonal. Später wird die Zahl der Anspielpunkte systematisch erhöht; man kann in diesem Fall jeden Anspielpunkt mit einem Zuspieler besetzen oder einen Spieler der oberen Leistungsklasse als Partner einsetzen, für den diese Übung zum Kombinationstraining wird.

Training der Schlagtechnik

P_1 und P_2 hohe Aufschläge
S_1 und S_2 Clear, Smash, Drop
auf Zielgebiet:

② und ③ . . . . Drop
④ und ⑤ . . . . Smash
⑥ und ⑧ . . . . Clear

4 Spieler auf dem Spielfeld, die in regelmäßigen Intervallen ihre Rollen tauschen.

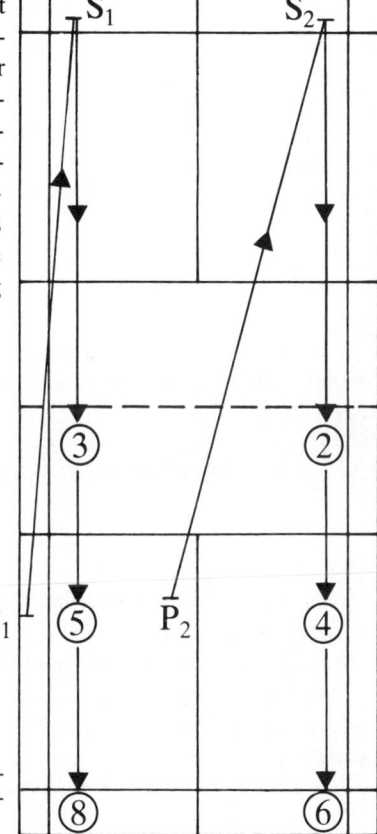

Training der Lauftechnik

a) Einsammeln von Federbällen, die entlang einer Seitenlinie placiert sind; das Aufheben der Federbälle erfolgt aus dem Ausfallschritt rechts.

b) Einsammeln von Bällen, die auf den 8 Anspielpunkten placiert sind; der Spieler läuft mit jedem Ball zur zentralen Position zurück, wobei er die jeweilige Lauftechnik verwendet.

c) ‹Polizistenspiel›: P steht am Netz, S in der Spielfeldmitte in der Grundstellung. P zeigt mit dem Schläger auf einen der 8 Anspielpunkte, S läuft zu diesem Punkt, führt eine vorher vereinbarte Schlagbewegung durch und läuft zur Feldmitte zurück. Zum Kennenlernen der Übung, aber auch zur spezifischen Schulung bestimmter Bewegungsabläufe empfiehlt sich die Verwendung folgender Reihe:

Lauf zu den Punkten 1 bis 3 und zurück,

Lauf zu den Punkten 4 und 5 und zurück,

Lauf zu den Punkten 6 bis 8 und zurück,

Lauf zu den Punkten 1 bis 8 in vorgegebener oder beliebiger Reihenfolge, dazwischen Rückkehr zur Mitte.

Kombinationstraining

Es handelt sich dabei um eine *wettkampfnahe* Trainingsform, bei der ein Spieler oder beide Trainingspartner nach jedem Schlag zur Spielfeldmitte zurücklaufen bzw. die von der Taktik geforderte Position einnehmen.

Übungen ohne Wechsel der Rollen

a) S_1 schlägt (je nach Situation) Überkopf-, Überhand- oder Links-vom-Kopf-Clear und Unterhand-Clear.

S_2 schlägt (je nach Situation) Überkopf-, Überhand- oder Links-vom-Kopf-Drop und Angriffs-Clear sowie Unterhand-Drop.

b) Variation für Spitzenspieler:

S_2 schlägt den Drop und Clear auf Zuruf des Trainers in einen bestimmten Treffbereich (z. B. als Überkopf-Schlag); zusätzlich erfolgt noch die Angabe des Anspielpunkts (1 bis 3, 6 bis 8). Beispiel: «Hand 3!» oder «Kopf 8!»

c) S_1 schlägt Smash und hebt, sticht oder schneidet am Netz,

S_2 wehrt kurz ab und schlägt Unterhand-Clear.

Kombinationstraining

S schlägt Smash links vom Kopf zuerst abwechselnd parallel auf 4 und diagonal auf 5, dann unregelmäßig, und hebt, sticht oder schneidet am Netz auf 3:

P_1 wehrt diagonal kurz ab,
P_2 wehrt parallel kurz ab,
P_3 spielt Unterhand-Clear diagonal.
Bei gutem technischem Niveau aller Beteiligten hat die Übung für S den Effekt eines Komplextrainings.

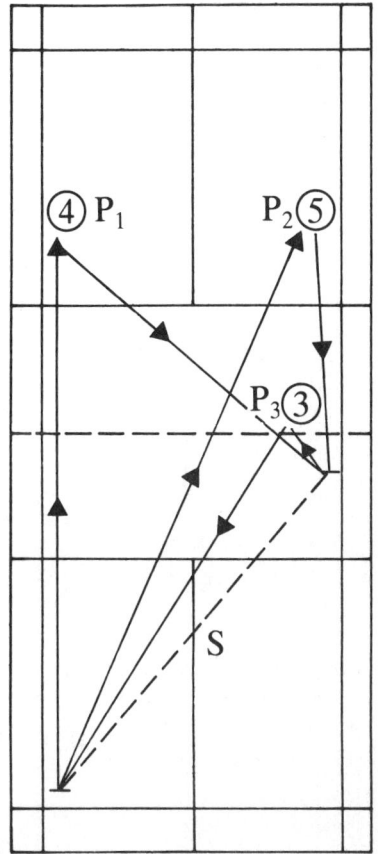

d) S_1 schlägt Smash und Angriffs-Clear;
   S_2 wehrt hoch ab und schlägt Verteidigungs-Clear.
e) Für Spitzenspieler:
   S_1 schlägt Clear, Smash, Drop zunächst regelmäßig, dann in beliebiger Reihenfolge;
   S_2 schlägt Verteidigungs-Clear, Unterhand-Clear und wehrt hoch ab.

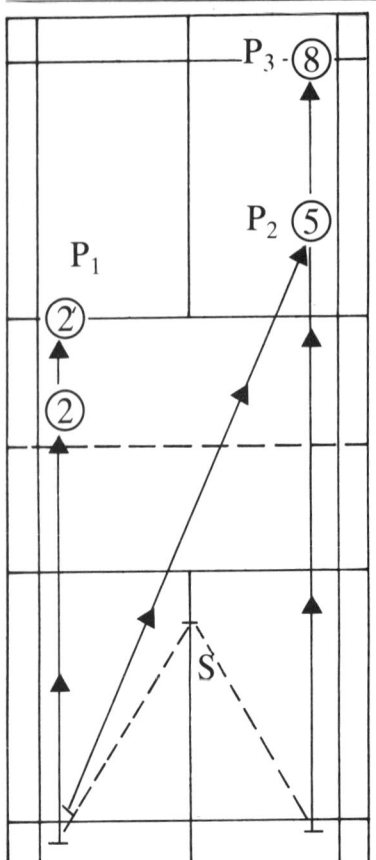

Kombinationstraining
Übung mit festgelegten Anspielpunkten und variablem Zuspiel

S schlägt unregelmäßig je nach Zuspiel von $P_1 - P_3$:
Angriffs-Clear nach 8
Smash nach 5 (links vom Kopf)
Drop (kurz) nach 2
Drop (lang) nach 2'
P_1 spielt unregelmäßig Unterhand-Clear in die hintere Vor- und Rückhandecke von S:
P_2 wehrt hoch ab (diagonal oder parallel)
P_3 spielt Verteidigungs-Clear (parallel oder diagonal)
Die Positionen $P_1 - P_3$ können auch von *einem* Spieler besetzt werden.

Übungen mit Rollenwechsel
a) S_1 hoher Aufschlag, S_2 Smash, S_1 kurze Abwehr, S_2 Unterhand-Clear, S_1 Smash usw.
b) S_1 hoher Aufschlag, S_2 Überhand-Drop, S_1 Netz-Drop, S_2 Unterhand-Clear, S_1 Überhand-Drop usw.
c) S_1 hoher Aufschlag, S_2 Angriffs-Clear, S_1 Drop, S_2 Unterhand-Clear, S_1 Angriffs-Clear usw.

d) Spiel am Netz: S_1 hebt parallel, S_2 spielt diagonal,
S_1 spielt parallel (Heben, ‹Töten›, Wischen),
P_1 und P_2 spielen diagonal.

e) Abwehr: S wehrt ab (kurz, hoch, flach/weit),
P_1 spielt Smash und Drop von der Grundlinie,
P_2 ‹tötet›, wischt und hebt am Netz.

Für jeden Schlag wird zunächst ein Anspielpunkt vereinbart, wobei die Bälle zuerst parallel und dann diagonal geschlagen werden. Mit steigendem technischen und konditionellen Niveau erhöht man die Zahl der Anspielpunkte, die von mehreren Partnern oder einem Spitzenspieler besetzt sein können. Bei allen Übungen mit festgelegten Schlagfolgen und Anspielpunkten sollten *Kontrollschläge* eingebaut sein, das heißt, einer der Zuspieler führt überraschend einen Schlag entgegen der vereinbarten Reihenfolge aus. Man verhindert damit das ‹automatische Laufen› zu den vorher bekannten Anspielpunkten.

Viele der hier beschriebenen Übungen, die ja wiederum nur eine Auswahl aus den unzähligen Varianten darstellen, wirken bei gutem Niveau der Übenden bereits als Komplextraining. Nähere Einzelheiten über die Dosierung von Intensität und Dauer finden sich im Kapitel «Konditionstraining».

Taktik

Grundlagen

HARRE definiert Taktik als die «Lehre von der Führung des sportlichen Kampfes»; MARTIN versteht darunter «ein bestimmtes, erfolgreiches Verhalten in der Wettkampfführung». Die Taktik soll den Sportler befähigen, die Wettkampfsituation durch bewußtes, zielgerichtetes und zweckmäßiges Handeln mit Erfolg zu bewältigen.

Taktik als leistungsbestimmender Faktor

Die Taktik nimmt in den einzelnen Sportarten einen sehr unterschiedlichen Platz ein. Im Turnen, Eiskunstlauf oder Wasserspringen ist das taktische Denken «darauf zu richten, die Bewegungsabläufe in der gegebenen Situation optimal durchführen zu können» (MARTIN). In der Leichtathletik, im Skilanglauf oder im Radsport drückt sich taktisches Handeln vor allem in situationsbedingten Geschwindigkeitsänderungen aus.

Badminton zählt mit Tennis, den Mannschaftsspielen und den Kampfsportarten zu jener Gruppe, bei der die Taktik zum leistungsbestimmenden Faktor wird. «In diesen Sportarten kommt es darauf an, auf schnell und unvermutet auftretende Reize aus der Wettkampfsituation reagieren zu können» (IWOILOW). Unter den Sportspielen nehmen Badminton, Tennis und Tischtennis insofern eine besondere Stellung ein, als sie im Einzel die Gruppe der ‹individuellen Rückschlag-spiele› bilden; die Doppel stellen bereits eine Übergangsform zu den kollektiven Rückschlagspielen dar.

Voraussetzungen des taktischen Handelns

Vorbedingung für jede taktische Handlung ist das Vorhandensein von sportartspezifischen Bewegungsfertigkeiten, im Badmintonsport also die Beherrschung der Schlag- und Lauftechnik.
«Die ständige Vervollkommnung, Stabilisierung und Weiterentwick-lung der sportlichen Technik und ihre Anwendung unter verschiede-nen und extremen Situationen ist die grundlegende Voraussetzung für taktisches Handeln» (MARTIN). Umgekehrt sollten, wie bereits im Ka-pitel «Techniktraining» betont wurde, technische Fertigkeiten immer unter dem Aspekt ihrer praktischen Anwendbarkeit in der Spielsitua-tion geschult werden. Technik- und Taktikschulung müssen daher me-thodisch als Einheit betrachtet werden!

Die Phasen der taktischen Handlung

Jede taktische Handlung vollzieht sich in drei Phasen:
• die Wahrnehmung und Analyse der Kampfsituation,
• die gedankliche Lösung der spezifischen taktischen Aufgabe,
• die motorische Lösung der taktischen Aufgabe.
Die *Wahrnehmung und Analyse der Kampfsituation* hängt u. a. ab von
– der Sehkraft und dem Blickumfang (peripheres Sehen),
– den taktischen Kenntnissen,
– der Erfahrung.
Die *gedankliche Lösung* der taktischen Aufgabe muß sowohl das geg-nerische als auch das eigene Können berücksichtigen. Der Spieler darf nur jene gedanklichen Lösungen wählen, die er *motorisch* (das heißt technisch-konditionell) zu bewältigen vermag. Badminton stellt im taktischen Bereich hohe Anforderungen an den Spieler, da die drei Vorgänge
– der Wahrnehmung,
– des Denkens und
– des Handelns

in äußerst kurzer Zeit ablaufen müssen, andererseits dem Spieler eine große Zahl von Lösungsmöglichkeiten zur Verfügung stehen.

Zur Methodik der Taktikschulung

Die Komponenten der taktischen Handlungsfähigkeit (Informationsaufnahme und -verarbeitung, Erstellen eines Handlungsplans, Aktion bzw. Anpassung der Handlung an die sich verändernde Situation) entwickelt man durch theoretischen Unterricht und praktisch. Die theoretischen Erläuterungen müssen dabei immer auf das jeweilige technische Niveau abgestimmt sein. In der Praxis erfolgt die Schulung der taktischen Handlungsfähigkeit durch Verbindung der technischen mit der taktischen Ausbildung. Die sportliche Technik wird vervollkommnet und gleichzeitig eine taktische Aufgabe gelöst. Nach KONZAG unterscheidet man dabei mehrere Stufen:

1. Stufe: Es werden mehrere technische Grundformen zur Lösung einer taktischen Aufgabe erarbeitet; der Partner bleibt dabei passiv oder ist halbaktiv.
Beispiel: Einleitung des Angriffs von der Grundlinie durch Drop oder Smash, Lauf ans Netz und ‹Töten› oder Wischen des kurz abgewehrten Balls. Der Partner führt hohe Aufschläge aus und wehrt kurz ab.

2. Stufe: Erlernen der Fähigkeit zur Einschätzung der Spielsituation, Wahl der richtigen Lösung und ihrer motorischen Ausführung in vereinfachten Situationen bei halbaktivem oder aktivem Gegner.
Beispiel: Spiel auf dem halben Spielfeld; Spieler A soll den Punkt durch Angriffsspiel erzielen, Spieler B hält den Ball ‹im Spiel› oder spielt frei.

3. Stufe: Richtige Anwendung der taktischen Handlungen entsprechend der Spielsituation, dem gegnerischen Verhalten und dem taktischen Plan in
   – Spielen unter erleichterten Bedingungen,
   – Übungs- und Trainingsspielen,
   – Spielen unter erschwerten Bedingungen,
   – Wettspielen.
Beispiel: Spiel halbes gegen ganzes Feld; Spiel einer gegen zwei.

Die Erstellung des taktischen Konzepts

Folgende Faktoren müssen bei der Festlegung der taktischen Marsch-
route berücksichtigt werden:
● die äußeren Bedingungen: Lichtverhältnisse, Hallenhöhe, Boden-
  beschaffenheit, Federbälle usw.,
● die eigenen Stärken und Schwächen,
● die Stärken und Schwächen des Gegners.
Ziel des Konzepts muß es sein, unter Ausnutzung der eigenen Stärken
und der gegnerischen Schwächen im Rahmen der geltenden Regeln
Situationen zu schaffen, in denen man selbst Gewinnschläge ausführen kann und/oder der Gegner Fehler begeht.

Taktische Merksätze

Jedes taktische Konzept sollte einige Merksätze berücksichtigen, die
in kurzer Form die Rahmenbedingungen der erfolgreichen Wettkampfführung zusammenfassen. Für den Anfänger stellt die Kenntnis
und bewußte Anwendung dieser Merksätze das erste Ziel im taktischen Lernprozeß dar.

Sicher spielen!
Vom Weltklassebadminton abgesehen, werden Spiele meist nicht gewonnen, sondern gehen durch Eigenfehler verloren. Es gilt daher folgende Aussage ohne Einschränkung: Der Ball muß zunächst über das
Netz und in das gegnerische Feld geschlagen werden – nur dann gibt
man dem Gegner die Chance, einen Fehler zu begehen.

Angriff geht vor Verteidigung!
Erst wenn der Gegner durch konsequentes Angriffsspiel unter Druck
gesetzt wird, begeht er Fehler bzw. kann man selbst Gewinnschläge
anbringen. ‹Auf Angriff spielen› heißt:
– den Ball so hoch wie möglich annehmen,
– die Rückhand womöglich unterlaufen und die Bälle Vorhand-Über-
  kopf oder Links-vom-Kopf schlagen,
– den Ball nicht ohne Zwang oder Plan hoch in das gegnerische Feld
  spielen.

Nie eine erfolgreiche Taktik ändern!
Hat eine bestimmte Spielweise gegen einen bestimmten Gegner Erfolg, sollte sie so lange nicht geändert werden, bis der andere Spieler ein Mittel dagegen findet.

Nie einen Ball, einen Satz oder ein Spiel aufgeben!
Auch ‹unmögliche› Bälle kann man – mit letztem Einsatz – erreichen, und ein hoher Rückstand ist kein Grund, einen Satz oder ein Spiel vorzeitig aufzugeben. Viele Spiele wurden schon trotz hoher Führung verloren; denn das Spiel ist erst nach gewonnenem oder verlorenem Matchball beendet.

Taktik des Einzelspiels

Als Ansatzpunkt für die Analyse der Einzeltaktik kann die dem Badmintonspiel zugrunde liegende Idee dienen: den Ball so über das Netz in das gegnerische Spielfeld zu schlagen, daß er vom Gegner nicht mehr regelgerecht zurückgespielt werden kann. Bei der Erstellung des taktischen Plans zur Verwirklichung dieses Gedankens muß man einige Faktoren berücksichtigen, die der eigenen Einflußnahme entzogen sind und die für die technisch-taktischen Handlungen während des Wettkampfs die Rahmenbedingungen bilden:
● die Maße bzw. Form des Spielfelds und die Höhe des Netzes,
● die Flugeigenschaften des Federballs,
● das Können und die Reichweite des Gegners.

Das Spielfeld
Das zur Verfügung stehende Zielgebiet ist mit Ausmaßen von 6,70 mal 5,18 m um einiges länger, als es breit ist.

Der Federball
Die anfängliche Geschwindigkeit des Federballs kann über 200 km/h betragen; sie nimmt aber mit zunehmender Entfernung stark ab.

Der Gegner
Das taktische Konzept muß sich an den Stärken und Schwächen des Gegners orientieren; es muß aber auch dessen Reichweite berücksichtigen. Die Erfahrung lehrt, daß ein aus der gegnerischen Reichweite geschlagener Ball häufig die eigene Reaktionszeit verkürzt, da ja die Laufphase des Gegners wegfällt; außerdem wird dessen Rückschlag vielfach härter und genauer ausfallen.

Einzeltaktik für Anfänger

Um dem Anfänger die Bewältigung der blitzschnell wechselnden
Spielsituationen zu erleichtern, sollten taktische Anweisungen in
Form von kurzen Merksätzen erteilt werden. Sie bilden ein Grundgerüst, das dem Spieler bei der Lösung der taktischen Aufgabe hilft, seiner Kreativität aber freien Raum läßt.

Fünf Merksätze für den Anfänger:
● Treibe den Gegner aus der Spielfeldmitte!
Auch genau placierte Bälle sind von der Spielfeldmitte aus fast immer
erreichbar; man muß daher durch variiertes und fintenreiches Spiel
den Gegner zur Aufgabe seiner zentralen Position zwingen.
● Versuche selbst, die Spielfeldmitte zu gewinnen!
Nutze die Zeit, in der sich der Ball in der Luft befindet, und trachte
wenigstens, in die Nähe der Feldmitte zu gelangen.
● Spiele den Ball nicht in die Reichweite des Gegners!
● Treibe den Gegner an die Grundlinie, oder locke ihn ans Netz!
Nutze die volle Länge des Spielfelds aus, und ermüde einen Gegner
durch geschicktes Variieren von kurzen und langen Bällen.
● Nutze deine Chance zum Punktgewinn!
Ungenau gespielte Bälle (in die Spielfeldmitte oder hoch über das
Netz) sollten geschmettert oder ‹getötet› werden, da die Geschwindig-
keit des ankommenden Balls für den Gegner meist zu groß ist und er
den Ball nicht mehr oder nur mehr als ‹Vorlage› zurückschlagen kann.

Einzeltaktik für Fortgeschrittene und Spitzenspieler

Auf diesem Niveau zielt die Taktik vorrangig auf die Erlangung und
Weiterführung des Angriffs bis zum Gewinn des Ballwechsels ab.

Daraus resultieren folgende charakteristische Spielzüge:
● Neben den hohen Aufschlag, der den Gegner an die Grundlinie
treiben soll, tritt zunehmend auch der kurze bzw. flach/weite Aufschlag; er soll den Gegner zu einem defensiven Rückschlag zwingen.
● Der Smash wird auch aus dem Grundlinienbereich gespielt – vielfach in der geschnittenen Variante, um den Gegner zu einem defensiven Unterhandschlag zu veranlassen. Alternativen sind der Angriffs-
Clear und der lange oder kurze Drop.

● Nach einem aus dem Grundlinienbereich eingeleiteten Angriff versucht man, den Punkt am Netz durch ‹Töten›, Wischen oder Schneiden zu erzielen.

● Die Abwehr wird nur als vorübergehende und unfreiwillige Unterbrechung des Angriffs angesehen. Man trachtet daher, bereits mit dem ersten Abwehrschlag die Initiative wieder zu ergreifen. Allerdings ist es manchmal ratsam, den konsequenten Angriff zugunsten eines auf der Abwehr aufgebauten Spiels zurückzustellen, zum Beispiel wenn

– man in konditionelle Schwierigkeiten gerät und das Spieltempo reduzieren muß oder

– der Gegner mit hoch an die Grundlinie geschlagenen Bällen nichts anzufangen weiß.

Taktik des Doppelspiels

Das Doppel unterscheidet sich in zwei wichtigen Punkten vom Einzelspiel:

● Auf jeder Seite befinden sich zwei Spieler auf dem Feld.

● Der Bereich, den jeder Spieler in Angriff und Abwehr zu übernehmen hat, ist kleiner als im Einzel – obwohl das Doppelfeld größer ist als das Einzelfeld.

Daraus resultieren zwei Grundforderungen an die Spielgestaltung:

● Man kann nur dann erfolgreich Doppel spielen, wenn man mit seinem Partner ein Team bildet. Gutes Teamwork bedeutet, daß man nicht nur die eigenen, sondern auch die Stärken des Partners auszunutzen sucht. Selbstverständlich sind auch seine Schwächen in das taktische Konzept einzubeziehen. In jeder Spielsituation sollten sich die Partner klarsein, welche Aufgabe sie zu erfüllen und welchen Teil des Felds sie abzudecken haben.

● Da der Raum, den jeder Gegner verteidigen muß, kleiner ist als im Einzel, hätte es wenig Sinn, den Gegner ausspielen zu wollen. Im Doppelspiel führt nur der harte, konsequente Angriff zum Ziel! Die Abwehr ist – unter diesem Aspekt betrachtet – nur eine aufgezwungene Unterbrechung des eigenen Angriffs, die so kurz wie möglich zu halten ist.

Alle erfolgreichen Doppelpaare verwenden ein System, bei dem sie im Angriff die Position *Hintereinander* und in der Abwehr die Position *Nebeneinander* einnehmen. Damit kann der freie Raum in jeder Phase des Spiels optimal abgesichert werden. Allerdings finden sich auch bei den genannten Positionen Schwachstellen (meist als Folge von Kompetenzüberschneidungen); bei gut eingespielten Partnern können sie jedoch ausgeschaltet oder wenigstens auf ein Minimum reduziert werden.

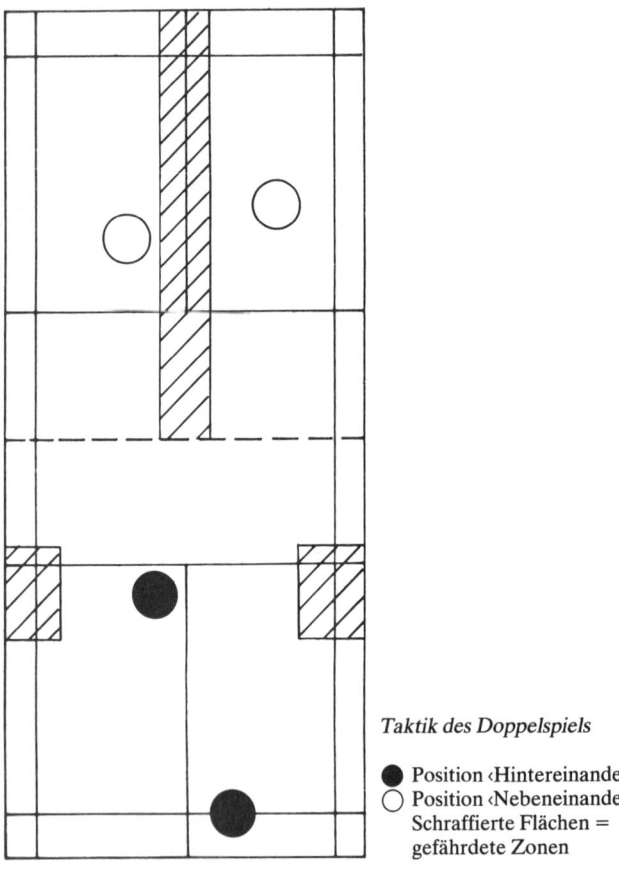

Taktik des Doppelspiels

● Position ‹Hintereinander›
○ Position ‹Nebeneinander›
Schraffierte Flächen =
gefährdete Zonen

Aufschlag und Aufschlagannahme

Oberstes Ziel der aufschlagenden und der den Aufschlag annehmenden Seite sollte es sein, mit dem ersten Schlag bereits in den Angriff zu gelangen. Beide Paare nehmen daher eine *Angriffsstellung* ein, das heißt, sie stehen in der Position ‹Hintereinander›. Der Aufschläger deckt nach Ausführung des Aufschlags den Bereich am Netz; sein Partner ist für das übrige Feld verantwortlich. Aufgrund des verkürzten

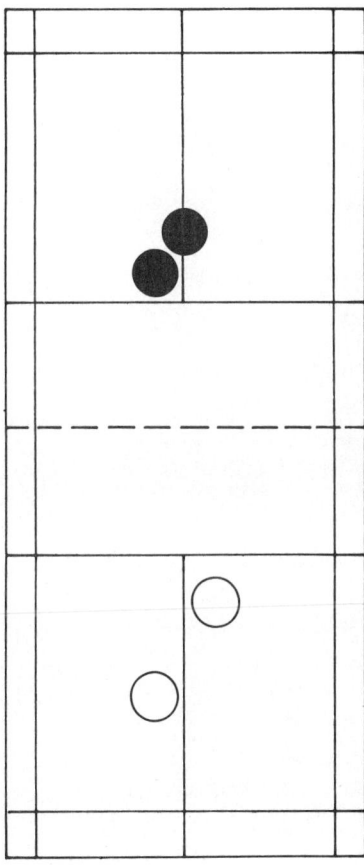

Taktik des Doppelspiels
Aufschlag und Aufschlagannahme

● Aufschlagende Seite
○ Annehmende Seite
Der Aufschläger steht knapp hinter der vorderen Aufschlaglinie und in der Nähe der Mittellinie. Sein Partner steht unmittelbar hinter ihm, um
– die in das halbe Feld gespielten Bälle zu erreichen;
– alle flach/scharf oder hoch gespielten Bälle so früh wie möglich annehmen zu können.
Der den Aufschlag annehmende Spieler steht so nah wie möglich an der vorderen Aufschlaglinie; er muß sowohl den kurzen als auch den Swip-Aufschlag aggressiv zurückschlagen können.
Sein Partner steht in der Spielfeldmitte.

Aufschlagfelds ist der kurze Aufschlag vorzuziehen, sofern er so knapp über das Netz fliegt, daß der annehmende Spieler keine Möglichkeit zu einem Schlag nach unten hat. Für den Doppelspieler zählt daher ein genauer kurzer Aufschlag zu den unabdingbaren Leistungsvoraussetzungen. – Als taktische Varianten stehen der Swip-Aufschlag und der flach/weite Aufschlag zur Auswahl.

Der annehmende Spieler versucht, den Aufschlag zu ‹töten› oder zu wischen. Ist dies nicht möglich, so spielt er einen Drop knapp hinter das Netz oder in das halbe Feld. Auf keinen Fall darf der Ball so zurückgespielt werden, daß einer der Gegner ihn über Netzkantenhöhe erreichen und somit in den Angriff übergehen kann.

Foto links oben: Aufschlag durch Herren-Doppel vorn. Aufschlagannahme durch gemischtes Doppel hinten.

Foto links unten: Aufschlagannahme durch Herren-Doppel vorn. Aufschlag durch gemischtes Doppel hinten.

Angriff

Der Angriff aus dem Grundlinienbereich erfolgt grundsätzlich durch einen hart und steil nach unten geschlagenen Smash. Abgesehen von der sich mitunter bietenden Chance, den Ballwechsel sofort erfolgreich zu beenden, nimmt man dem Gegner durch die steile Flugbahn die Möglichkeit, mit einer flach/scharfen Abwehr selbst in den Angriff zu gelangen.

Als taktische Varianten bieten sich der (häufig auf den Körper eines Gegners geschlagene) flache Smash und der schnelle Drop (geschnitten oder gewischt) an.

Den Smash schlägt man
- parallel zur Seitenlinie auf die Vorhandseite des gegenüberstehenden Gegners oder
- in die Mitte zwischen die abwehrenden Spieler.

Den diagonal geschlagenen Smash (oder Drop) sollte man hingegen meiden, da er infolge seiner längeren Flugbahn rasch an Geschwindigkeit verliert und daher der abwehrenden Seite keine großen Schwierigkeiten bereitet. Außerdem gerät die angreifende Seite in Bedrängnis, wenn die abwehrende Partei den Diagonal-Smash mit einem parallel geschlagenen Drop in das halbe Feld oder mit einem Drive beantwortet.

Der Netzspieler sollte alle Bälle, die durch seine Reichweite geschlagen werden, ‹töten› oder wischen bzw. sie zumindest so knapp hinter das Netz spielen, daß die Gegner gezwungen sind, den Ball mit einem Verteidigungsschlag hoch zurückzuspielen. Er muß den *Schläger vor dem Körper mit dem Schlägerkopf über Netzkantenhöhe* halten und versuchen, durch Antizipation der gegnerischen Abwehr jede Chance zum Gewinn des Ballwechsels auszunutzen.

Der Netzspieler darf auf keinen Fall statisch in der Spielfeldmitte auf dem ‹T› (Kreuzung von Mittellinie und vorderer Aufschlaglinie) verharren, sondern muß seinen Standpunkt laufend an die Spielsituation, das heißt, an die von seinem Partner und den Gegnern gespielten Bälle, anpassen.

Für Grundlinien- und Netzspieler gilt der Merksatz:
- Nach Beendigung des Ausschwungs den Schläger sofort wieder hochnehmen.

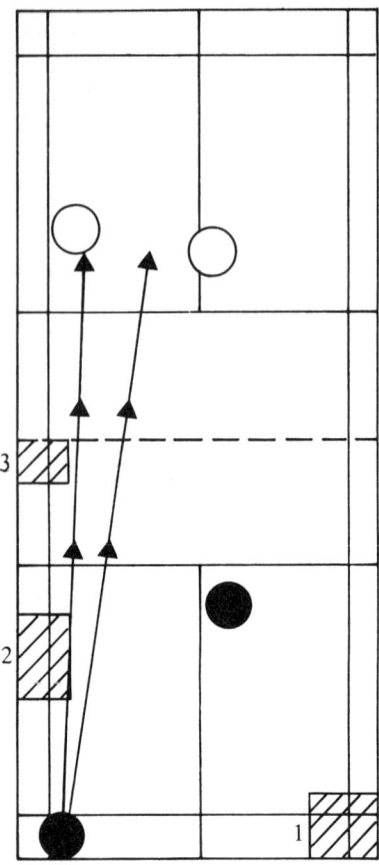

Taktik des Doppelspiels
Angriff und Abwehr

● Angriff aus dem Grundlinienbereich durch Smash oder Drop in die Mitte zwischen die abwehrenden Spieler
oder auf den Körper des gegenüberstehenden Gegners.
○ Abwehrende Seite hat ihre Position
in Richtung Seitenlinie verschoben.
Schraffierte Flächen = Zielgebiete für
die Abwehr:
1 Zielgebiet für Clear und Drive (beide diagonal);
2 Zielgebiet für Drop in das halbe
  Feld;
3 Zielgebiet für Drop an das Netz, falls
  gegnerischer Netzspieler nicht zu
  weit vorn steht oder langsam ist.

Abwehr

Die abwehrende Seite hat zunächst die Aufgabe, den Ball ‹im Spiel› zu
halten, ihn also über das Netz in das gegnerische Feld zu spielen. Darüber hinaus muß die abwehrende Partei alles daransetzen, so rasch
wie möglich selbst in den Angriff zu gelangen. Der zentrale Merksatz
für die Abwehr lautet:
● Den Ball so hoch und so früh wie möglich annehmen!
Wenn man diesen Merksatz beherzigt, kann man oft durch einen diagonal geschlagenen Drive oder einen schnellen Drop in das halbe Feld

den Gegner zu einem Unterhandschlag zwingen. Gegen einen gut placierten und steilen Smash hilft man sich mit einem an die Grundlinie
geschlagenen Unterhand-Clear.

Teamwork wird auch in der Abwehr großgeschrieben: Die beiden
Partner müssen ihre Positionen im Spielfeld so wählen, daß der paral-
lel zu den Seitenlinien geschlagene und der in die Mitte gespielte
Smash auf alle Fälle durch die Reichweite eines Partners fliegen.
Schmettert ein Gegner zum Beispiel aus der Position 6 oder 8 (in der
Nähe einer Seitenlinie), so sollte der für die Abwehr des parallel geschlagenen Smash verantwortliche Spieler seine Position in Richtung
Seitenlinie verschieben. Sein Partner muß dann nachrücken, damit
zwischen den Spielern keine Lücke entsteht. Da ein auf den diagonal
stehenden Partner geschlagener Smash oder Drop sehr rasch an Geschwindigkeit verliert, kann er einen Schritt in Richtung Netz machen,
um jede sich bietende Möglichkeit zum Gegenangriff sofort wahrzunehmen.

Ein weiterer Merksatz für beide abwehrenden Spieler lautet:
● Die Schlägerhaltung der Spielsituation anpassen!

Da oft Zehntelsekunden über Beibehaltung oder Verlust des Angriffs
entscheiden, müssen die Spieler der abwehrenden Seite – bevor ein
Gegner den Ball schlägt – jene Schläger- und Körperhaltung einnehmen, die einen aggressiven Rückschlag ermöglicht. Je tiefer der Gegner den Ball trifft, desto flacher wird der Smash und desto höher kann
ihn die abwehrende Seite annehmen. Schlägt ein Angreifer den Ball in
Netzkantenhöhe, so sollten beide abwehrenden Spieler den Schläger
mindestens auch in Netzkantenhöhe bereithalten.

Wechsel von der Abwehr in den Angriff

Ist es der abwehrenden Seite gelungen, den Angriff der gegnerischen
Partei durch einen gut placierten Ball zu beenden, müssen die Partner
sofort aus der Position ‹Nebeneinander› in die ‹Hintereinander›-Stel-
lung wechseln.

Grundsätzlich sollte jener Spieler ans Netz gehen, dessen Schlag den
Angriff der Gegner beendet hatte. Die tatsächliche Spielsituation
(und die Fähigkeiten der beiden Spieler) wird aber die Entscheidung
der Partner im Einzelfall beeinflussen.

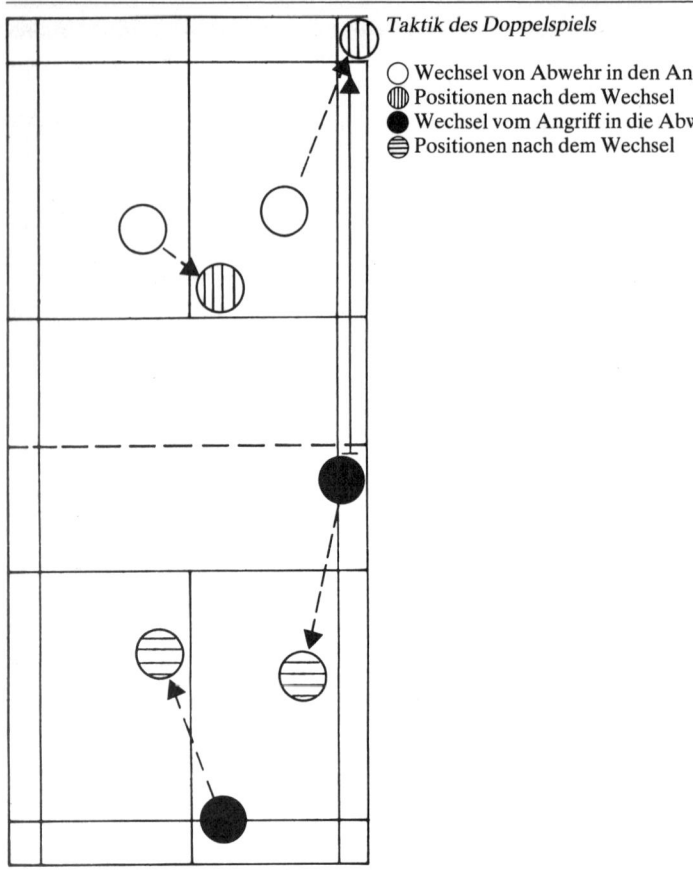

Taktik des Doppelspiels

○ Wechsel von Abwehr in den Angriff
◍ Positionen nach dem Wechsel
● Wechsel vom Angriff in die Abwehr
⊜ Positionen nach dem Wechsel

Wechsel vom Angriff in die Abwehr

Mußte der Angriff abgegeben werden, sollte so rasch wie möglich die
Position ‹Nebeneinander› eingenommen werden. Zu diesem Zweck
läuft der Spieler am Netz auf kürzestem Weg in die hinter ihm befind-
liche Feldhälfte; sein Partner nimmt die entsprechende Position in der
anderen Hälfte ein. Der Wechsel muß abgeschlossen sein, bevor ein
Gegner den Ball trifft.

Diagonaler Wechsel im Angriff
Variante für Fortgeschrittene und Spitzenspieler

Schlägt der für den Grundlinienbereich verantwortliche Angreifer einen Smash aus Position 6 oder 8 (also nahe einer Seitenlinie), wird er einen diagonal und flach/weit gespielten Abwehrschlag häufig nur mehr im Seit- oder Unterhandbereich annehmen können; seine Partei gerät dadurch in die akute Gefahr des Angriffsverlustes. Dieser Gefahr können die Angreifer dadurch begegnen, daß der Grundlinienspieler die mit seinem Smash verbundene Vorwärtsbewegung ausnutzt und sich sofort ans Netz begibt; sein Partner läuft diagonal zurück und versucht, den in die Ecke gespielten Ball aus dem Sprung zu schlagen. Die beiden Spieler haben also nach diesem Schlag ihre Positionen vertauscht.

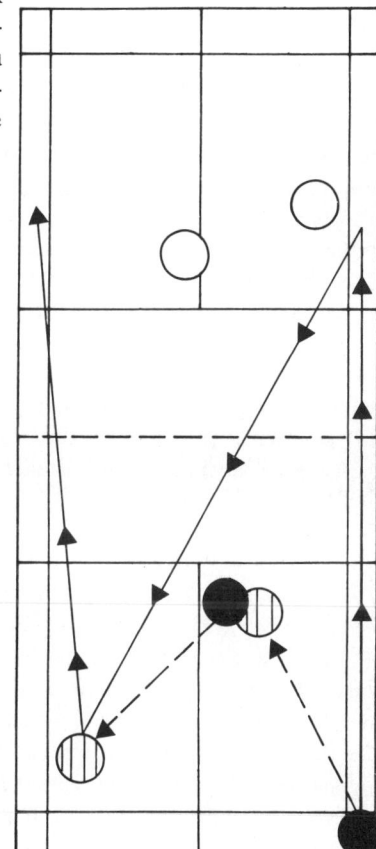

Taktik des Doppelspiels

Diagonaler Wechsel im Angriff:
● Position vor dem Wechsel
◍ Position nach dem Wechsel
○ Position der abwehrenden Seite

Zur Taktik des Damen-Doppels

Frauen schlagen im allgemeinen nicht so hart wie Männer, sind ihnen aber in Reaktion und Koordination ebenbürtig. Im Verhältnis zum Angriff gewinnt dadurch die Abwehr an Stärke und Sicherheit, es kommt zu längeren Ballwechseln. Die angreifende Seite muß daher versuchen, durch gezielten Einsatz von Angriffs-Clear, Drop und Smash eine Lücke in der gegnerischen Abwehr zu schaffen, die dann durch einen steil und hart geschlagenen Smash ausgenutzt werden kann. Bei der Aufschlagannahme wird die annehmende Spielerin ihre Position etwas nach hinten verlegen, um auch den Swip-Aufschlag aggressiv annehmen zu können.

Taktik des Gemischten Doppels

Es hängt in erster Linie vom technisch-konditionellen Niveau der Dame im Vergleich zu ihrem Partner ab, welches Spielsystem von der Paarung verwendet wird.

- Ist die Dame erheblich schwächer, so verbleiben die Partner während des Spiels in der Angriffsposition; sie stehen also hintereinander. Diese Formation erlaubt es der konditionell weniger belasteten Dame, ihre speziellen Fähigkeiten voll einzusetzen bzw. diese gezielt zu verbessern.
- Entsprechen die konditionellen Fähigkeiten und technischen Fertigkeiten ungefähr jenen des Herren, ähnelt die Rollenverteilung während des Spiels – insbesonders in der Abwehr – jener des Doppels.

Aufschlag und Aufschlagannahme

Haben sich die Partner für die Formation ‹Hintereinander› entschieden, so nimmt die Dame bei Aufschlag des Herrn eine Position vor dem Herrn *links von der Mitte* ein. Sie ist dann während des Spiels für den Bereich am Netz verantwortlich. Der Herr steht beim Aufschlag weiter hinten als im Herrendoppel, da er nach Ausführung des Aufschlags den Bereich zwischen vorderer Aufschlaglinie und Grundlinie zu decken hat.

Taktik des Gemischten Doppels
Aufschlag und Aufschlagannahme

H_1 und D_1 sind die aufschlagende Seite:
sie spielen im System ‹Hintereinander›.
H_2 und D_2 sind die annehmende Seite:
sie verwenden das Doppelsystem.

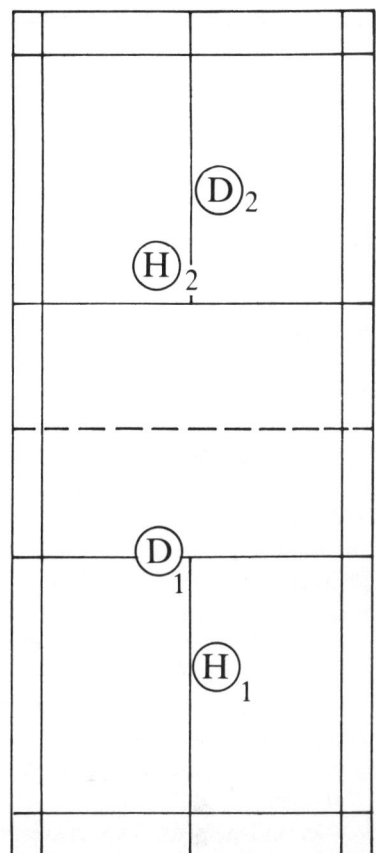

Da es das Ziel beider Paare sein muß, bereits mit dem ersten Schlag in den Angriff zu gelangen, gelten für den Aufschlag folgende Grundsätze:

- Nimmt der gegnerische Herr den Aufschlag an, sollten fast ausschließlich kurze Aufschläge gespielt werden, da die ‹Hintereinander›-Formation eine äußerst ungünstige Abwehrstellung darstellt.
- Nimmt die gegnerische Dame den Aufschlag an, kann man versuchen, sie durch Swip-Aufschläge oder flach/weite Aufschläge an den Grundlinienbereich zu drängen, um sie dort festzuhalten.

Bei der Aufschlagannahme sollte der Ball nie hoch in das gegnerische Feld geschlagen, sondern ‹getötet› oder gewischt bzw. in eine für die Gegner unangenehme Zone placiert werden. Muß die Dame nach einem hohen Aufschlag in den Grundlinienbereich zurück, sollte sie nach Ausführung ihres Schlags (Smash oder Drop) sofort wieder ihre Position am Netz einnehmen. – Bei entsprechendem konditionell-technischen Niveau der Dame gelten für die Aufschlagannahme die im Kapitel «Taktik des Doppels» aufgezählten Richtlinien.

Spielverlauf

Verwenden die Partner das ‹Hintereinander›-System, muß ihre Spielgestaltung auf Erhaltung des Angriffs ausgerichtet sein. Dieser Grundgedanke wird durch den Merksatz ausgedrückt:

● Die Bälle so spielen, daß die gegnerische Seite keine Chance zum Angriff hat!

Als Zielgebiet für die von Dame und Herrn gespielten Bälle kommen in Frage:

– das halbe Feld zwischen den beiden gegnerischen Spielern;
– der Raum zwischen den Seitenlinien für Einzel und Doppel;
– falls die gegnerische Dame langsam ist oder das Spiel am Netz nicht so gut beherrscht wie die eigene Dame, der Bereich am Netz.

Die eigene Dame sollte folgende Schlüsselsätze beachten:

– Nur Bälle annehmen, die vor dem Körper geschlagen werden können.
– Den Ball nie hoch in das gegnerische Feld spielen.
– Den Schläger immer bereit halten (Schlägerkopf in Kopfhöhe vor dem Körper).
– Den Gegner dauernd beobachten; nicht in einer Ecke verharren, aber auch nicht planlos herumrennen.

Für den Herrn gelten folgende Anweisungen:

– Wenn möglich, nie durch die Reichweite der gegnerischen Dame spielen.
– Flache Bälle so lange parallel zur Seitenlinie spielen, bis sich die Möglichkeit zu einem schnellen diagonal geschlagenem Drive in ein ‹Loch› ergibt.
– Wenn nötig, die eigene Dame ‹beschatten›, um einen Ball, den sie nicht mehr erreicht, noch annehmen zu können.

Die Abwehrschwäche des ‹Hintereinander›-Systems kann man teilweise dadurch beheben, daß die Partner bei gegnerischem Angriff eine versetzte Position einnehmen. Die Dame versucht, den diagonal geschlagenen Smash, Drop oder Drive zu nehmen; der Herr ist für alle parallelen Bälle und für den gesamten Grundlinienbereich verantwortlich (vgl. auch Foto Seite 134).

Für ein im Doppelsystem spielendes Paar gelten im Angriff die im Kapitel «Taktik des Doppels» angeführten Punkte. Verfügt der Herr über einen harten Smash, so sollte er, wenn dies die Spielsituation er-

Taktik des Gemischten Doppels
Versetzte Abwehr im System ‹Hintereinander›

Die Dame D_2 nimmt den diagonal geschlagenen Smash und Drop, der Herr H_2 ist für den nicht schraffierten Teil des Feldes verantwortlich.
H_1 und D_1 sind die Angreifer.

laubt, den Angriff aus dem Grundlinienbereich übernehmen. Eine
Möglichkeit, die Positionen zwischen Herr und Dame zu vertauschen,
ist der diagonale Wechsel.

In derAbwehr nimmt die Dame ihre Position an der Seite des Herrn
ein. Spielen die Partner gegen ein Gemischtes Doppel, welches das
‹Hintereinander›-System bevorzugt, gilt für die Abwehr:

– Den Ball flach halten, keinen Unterhand-Clear schlagen.
– Den Ball in das halbe Feld zwischen die gegnerischen Spieler pla-
  cieren.

Das Gemischte Doppel verlangt ausgeprägten taktischen Sinn und
harmonisches Verständnis beider Partner. Es verleitet aber mitunter
zu übertriebenem taktischen und trickreichen Spiel auf Kosten des
Angriffs. Auch im Gemischten Doppel führt der Weg zum Erfolg über
das schnelle, harte und konsequente Angriffsspiel!

Kondition

Grundlagen

Unter Kondition versteht man die physische und psychische Verfassung und Bereitschaft eines Sportlers, die ihn befähigt, den speziellen Anforderungen einer Sportart gerecht zu werden. Die physische (körperliche) Kondition umfaßt die motorischen (Bewegungs-)Eigenschaften:

- Ausdauer,
- Kraft,
- Schnelligkeit,
- Beweglichkeit (oder Flexibilität),
- koordinative Fähigkeiten (z. B. Gewandtheit).

Komponenten der körperlichen Kondition

Ausdauer
Man definiert Ausdauer als Fähigkeit, eine bestimmte Leistung über einen möglichst langen Zeitraum erbringen zu können. Nach der Art der Energiebereitstellung und den anfallenden Stoffwechselendprodukten unterscheidet man zwei Ausdauerbereiche: Von *aerober* Ausdauer spricht man, wenn die Bereitstellung der für die Arbeit benötigten Energie mit Hilfe von ausreichend zur Verfügung gestelltem Sauerstoff erfolgt.

Mit diesem Sauerstoff werden Kohlenhydrate oder Fette verbrannt; als Endprodukte fallen Kohlendioxid (CO_2) und Wasser an. Bei der *anaeroben* Ausdauer wird die benötigte Energie unter Sauerstoffmangelbedingungen durch chemische Abbauprozesse bereitgestellt. Zu Beginn jeder körperlichen Tätigkeit erfolgt die Energieanlieferung immer unter anaeroben Bedingungen. Sie ist jedoch in reiner Form nur für kurze Zeit möglich; beim anaeroben Abbau der Kohlenhydrate entsteht nämlich als Stoffwechselendprodukt die Milchsäure (Laktat). Wird das erträgliche Maß an Milchsäure in Muskel und Blut überschritten, kommt es zur Übersäuerung; der Muskel kann nicht mehr kontrahieren.

Kraft
Es existieren mehrere Arten der Kraft, und zwar:
– Maximalkraft ist die höchste Kraft, die das Nerv-Muskel-System bei maximaler willkürlicher Kontraktion auszuüben vermag (HARRE).
– Schnellkraft ist die Fähigkeit, einen Widerstand möglichst schnell zu überwinden.
– Kraftausdauer ist die Ermüdungswiderstandsfähigkeit des Organismus bei lang andauernden Kraftleistungen.

Schnelligkeit
Man versteht darunter die Eigenschaft, eine Bewegung möglichst schnell auszuführen. Sie beruht auf mehreren, voneinander unabhängigen Faktoren wie Reaktionsgeschwindigkeit, Koordination. Muskelkraftniveau usw.

Beweglichkeit
(oder Flexibilität)
Es ist die Fähigkeit, Bewegungen mit großer Schwingungsweite ausführen zu können.

Koordinative Fähigkeiten
Es handelt sich um komplexe Fähigkeiten, die eng an die anderen körperlichen Eigenschaften, aber auch an Gleichgewichtsvermögen, Wahrnehmungsvermögen usw. gebunden sind und ein optimales Zusammenwirken von Zentralnervensystem und Skelettmuskulatur verlangen. – Als Beispiel soll die Gewandtheit als Fähigkeit zur schnellen und optimalen Anpassung an neue Situationen erwähnt werden.

Zur Methodik des Konditionstrainings

Konditionstraining zielt auf die Verbesserung oder Stabilisierung einer oder mehrerer motorischer Eigenschaften ab.

Wie bereits im Kapitel «Einführung in die Trainingslehre» erwähnt wurde, bedarf es zur Ausbildung spezifischer Anpassungserscheinungen im Organismus überschwelliger, spezifischer Reize. Diese Tatsache gewinnt für das Konditionstraining zentrale Bedeutung, da mit ein und derselben Übung sehr unterschiedliche und – bei methodisch unrichtiger Anwendung – auch ungewollte Effekte erreicht werden können. LETZELTER erläutert diese Problematik am Beispiel der Übung ‹Laufen›: «Der Trainingsinhalt Laufen kann sowohl zur Verbesserung der Ausdauer als auch der Schnelligkeit oder der Gewandtheit ausgewählt werden. Die Zielausrichtung erfolgt erst dadurch, daß über das *Wie* entschieden wird: Wie schnell, wie lange, wie oft und mit welchen Pausen soll der Sportler laufen?»

Entscheidend für die Dosierung und damit letztendlich für den Effekt einer Belastung sind die *Belastungsgrößen* (oder Belastungskomponenten). Ihre Gestaltung hängt eng mit dem Biochemismus der Muskelzellen zusammen, wobei der Art und Weise der Energiebereitstellung (aerob – anaerob) und den damit verbundenen Erholungsmechanismen eine führende Rolle zukommt. Die zentralen Belastungsgrößen sind:

● Intensität (Reizhöhe, Reizstärke): Sie drückt sich aus in Laufgeschwindigkeit, Bewegungsfrequenz, Größe des zu überwindenden Widerstands usw. In der Trainingspraxis wird die Intensität vielfach mit Hilfe der *Pulsfrequenz* gemessen. Eine niedrige Herzfrequenz zeigt immer eine niedrige Intensität an.

● Dauer: Sie bezieht sich auf die Dauer eines einzelnen Reizes oder einer Serie von Reizen. Man drückt sie in Sekunden oder Minuten aus.

● Umfang: Er ergibt sich aus der Dauer, aus den Wiederholungen, den gelaufenen Kilometern oder der effektiven Trainingszeit einer Trainingseinheit und wird angegeben in Kilometern, Minuten, der Anzahl der Wiederholungen usw. Bei Dauerbelastungen wie dem Dauerlauf ist der Umfang mit der Dauer identisch.

● Verhältnis von Arbeit und Pause (Reizdichte): Die Reizdichte reguliert den für den Anpassungsprozeß so wichtigen Wechsel von Belastung und Erholung.

Die einzelnen Belastungsgrößen sind voneinander abhängig «und müssen daher bei der Gestaltung des Trainings in ihrer Gesamtheit durchdacht werden» (LETZELTER). Dabei stehen Intensität und Dauer immer in einem umgekehrten Verhältnis:

● Je höher die Intensität einer Übung ist, desto geringer wird ihre Dauer und desto länger muß die Erholungszeit sein.

In der Praxis des Konditionstrainings haben sich mehrere Methoden herauskristallisiert, die durch unterschiedliche Dosierung der Belastungsgrößen zur Erreichung spezifischer Trainingsziele eingesetzt werden.

Dauermethode

Die Dauermethode ist die wichtigste Methode zur Verbesserung der aeroben Ausdauer. Es wird entweder über längere Zeit (mindestens 20 Minuten) mit gleichbleibender Intensität (gleich Tempo) trainiert (Arbeitspuls mindestens 140 Schläge/Min.), oder das Tempo wird systematisch oder geländeabhängig variiert.

Intervallmethode

Es wechseln Belastungsphasen mit Erholungspausen ab. Neben Intensität und Dauer der Belastung müssen folgende Belastungsgrößen bekannt sein:

– Dauer und Art der Pausen,
– Anzahl der Wiederholungen.

Da es beim Intervalltraining trotz relativ hoher Intensität der Belastung immer wieder zur teilweisen Erholung in den Pausen kommt, kann der Trainingsumfang hoch angesetzt werden. Man unterscheidet je nach Intensität, Umfang und Pausengestaltung zwei Hauptformen des Intervalltrainings:

● Extensive Intervallmethode: Sie wird vor allem zur Verbesserung der Kraftausdauer und der allgemeinen aeroben Ausdauer verwendet. Die Intensität liegt im mittleren Bereich (50 bis 80 Prozent des Maximums); es sind daher viele Übungswiederholungen möglich. Die Erholung in den Pausen ist unvollkommen (man spricht von ‹lohnenden Pausen›), bei einer Pulsfrequenz von circa 120 Schlägen/Minute kann wieder mit der Arbeit begonnen werden.

● Intensive Intervallmethode: Sie dient unter anderem dem Training der Schnellkraft und der Schnelligkeitsausdauer (anaerober Bereich). Es wird mit hoher Intensität gearbeitet (75 bis 90 Prozent des Maxi-

mums); die Wiederholungszahl pro Serie ist relativ gering (6 bis 12).
Die Pausen sind länger als bei der extensiven Methode, bleiben aber
lohnend.

Wiederholungsmethode
Die Wiederholungsmethode ist die typische Methode des Schnellig-
keits- und Maximalkrafttrainings und teilweise des Trainings der
Schnelligkeitsausdauer. Die Intensität liegt um das Maximum (90 bis
100 Prozent), die Wiederholungszahl pro Serie beträgt beim Krafttraining 3 bis 6, sonst nur 1 bis 3. Die Pausen sind vollständig, damit die
hohe Intensität auch während der folgenden Wiederholungen beibehalten werden kann (Arbeitsbeginn nach 2 bis 5 Minuten).

Allgemeine und spezielle Kondition

Im Schülertraining (Grundlagentraining) und im Bereich des Fitness-
trainings liegt der Schwerpunkt der Konditionsarbeit auf der umfassenden Entwicklung der körperlichen Grundeigenschaften. Ziel ist also die Herstellung eines guten allgemeinen Trainingszustands. Dabei
kommt dem Training der allgemeinen aeroben Ausdauer eine zentrale
Rolle zu, da diese Eigenschaft erst die Basis für ein intensives Training
– gleichgültig in welcher Sportart – schafft.
Die einzelnen Sportarten verlangen von den Athleten sehr unterschiedliche spezifische Eigenschaften und Fähigkeiten, die man zu-
sammenfassend als *spezielle* oder *sportartspezifische* Kondition bezeichnet. Vorrangiges Ziel jedes Leistungssportlers muß also die Verbesserung bzw. Stabilisierung dieser spezifischen konditionellen Eigenschaften sein. Dieses Ziel steht im zweiten Teil der Vorbereitungsperiode und insbesondere in der Wettkampfperiode im Zentrum des
Konditionstrainings.

Die badmintonspezifische Kondition

Die spezifische Kondition eines Badmintonspielers setzt sich aus folgenden leistungsbestimmenden Faktoren zusammen:

Allgemeine Ausdauer (aerob und anaerob)
Spezielle Ausdauer
Schnellkraft/Kraftausdauer des Rumpfes/Kraftschnelligkeit/Kraftausdauer der Arme
Schnellkraft/Kraftausdauer der Beine
Motorische Schnelligkeit der Arme und Beine/Schnelligkeitsausdauer
Flexibilität der Schulter-, Hüft- und Kniegelenke und der Wirbelsäule
Kopplungsfähigkeit / Differenzierungsfähigkeit Reaktionsfähigkeit / Umstellungsfähigkeit

Ausdauer

MARTIN definiert die spezifische Ausdauer als die «Fähigkeit, ein hohes Leistungsniveau unter den begrenzten Zeiträumen der sportlichen Spezialisierung zu erreichen». Will man also Aussagen über die badmintonspezifische Ausdauer treffen, muß man Dauer und Intensität der Wettkampfbelastung feststellen.

Zur Struktur der Wettkampfbelastung
Die Spieldauer schwankt beträchtlich und liegt etwa zwischen 10 und 120 Minuten (Abweichungen nach oben und unten sind möglich). Ein Satz kann in wenigen Minuten zu Ende sein, sich aber auch bis 30 Minuten (und mehr) erstrecken. Im Herreneinzel unterschreitet die durchschnittliche Spieldauer kaum 30 Minuten, wenn es sich um etwa gleich starke Spieler handelt; der diesbezügliche Wert im Dameneinzel liegt zwischen 15 und 20 Minuten.
Bei den Ballwechseln treten ähnliche große Schwankungen auf, im Durchschnitt liegt die Dauer bei 10 Sekunden. Spitzenwerte von 30 Sekunden (und darüber) sind aber möglich. Die Länge der Pausen zwischen den Ballwechseln variiert zwischen wenigen Sekunden und

etwa einer Viertelminute; der Durchschnittswert beträgt 10 Sekunden. – Während eines Einzelspiels liegt die durchschnittliche Herzfrequenz zwischen 160 und 180 Schlägen/Minute, im Doppel zwischen 140 und 170 Schlägen/Minute. Spitzenwerte von 200 Schlägen/Minute und mehr werden häufig erreicht. Da die Erholungspausen zwischen den Sätzen nur maximal 5 Minuten betragen, kommt es zu einer Ermüdungsaufstockung. Im zweiten und dritten Satz ergeben sich daher im Vergleich zum ersten Satz durchschnittlich höhere Herzfrequenzen.

Folgerungen für die Ausdauerleistungsfähigkeit
Bei Dauerpulsfrequenzen von 160 bis 180 Schlägen/Minute bewegt man sich im Grenzbereich der aeroben Ausdauerfähigkeit. Auf Grund der hohen Intensität kommt es auch bereits zu einer Anhäufung von Milchsäure (Laktat) im Blut. Jenen Milchsäurespiegel, den der Organismus auch bei längeren Belastungen gerade noch toleriert, bezeichnet man als *anaerobe Schwelle*; sie liegt bei 4 mmol Laktat/l Blut und wird von Sportlern mit guter Ausdauerleistungsfähigkeit bei Pulsfrequenzen zwischen 165 und 185 Schlägen/Minute erreicht. Solange ein Spieler die anaerobe Schwelle nicht überschreitet. besteht zwischen Sauerstoffaufnahme und Sauerstoffverbrauch ein Gleichgewicht («steady state»); das Spieltempo kann ohne verstärkte Heranziehung anaerober Prozesse und der damit verbundenen gesteigerten Milchsäureproduktion gehalten werden.
Während des Wettkampfs kommt es aber als Folge besonders intensiver Ballwechsel (hohes Lauftempo, hohe Schlagfrequenz) immer wieder zur Überschreitung der anaeroben Schwelle. Auf Grund der gesteigerten Intensität reicht die Sauerstoffzufuhr trotz Ansteigens der Herzfrequenz auf 200 Schläge/Minute und mehr nicht aus; die Energiebereitstellung erfolgt überwiegend anaerob, der Laktatspiegel im Blut steigt steil an. Die Milchsäure wird teilweise in der Pause zum nächsten Ballwechsel, vor allem aber durch Verringerung der Spielintensität abgebaut. Da, wie bereits erwähnt, die durchschnittliche Pausenlänge nur 10 Sekunden beträgt, muß ein Spieler, der die anaerobe Schwelle häufig überschreitet, den Ausgleich zunehmend über das Spieltempo suchen. Weil dieses Tempo auch der Einflußnahme des Gegners unterworfen ist, wird ein fortlaufendes Absinken der Spielleistung und schließlich der Verlust des Spiels die Folge sein.
• Als Maßstab für die aerobe Ausdauer dient die maximale Sauerstoffaufnahme pro Minute und kg Körpergewicht. Sie wird im Labor

ermittelt, wobei auch gleichzeitig die anaerobe Schwelle festgestellt wird. Ein Spitzenspieler sollte eine maximale Sauerstoffaufnahme von mindestens 60 ml/kg aufweisen, die anaerobe Schwelle bei 70 bis 80 Prozent dieses Werts liegen. Die an dieser Schwelle gemessene Herzfrequenz gilt zugleich als Richtwert für die Arbeitspulsfrequenz während des aeroben Ausdauertrainings. Das Ausdauertraining des Badmintonspielers muß daher auf zwei Ziele gerichtet sein:

● Verbesserung der allgemeinen aeroben Ausdauer, das heißt der maximalen Sauerstoff-Aufnahmefähigkeit und Anhebung der anaeroben Schwelle durch ein entsprechendes Dauerlauftraining.

● Verbesserung der speziellen Ausdauer durch Komplextraining, das heißt Ausdauertraining auf dem Spielfeld ohne oder mit Ball mit wettkampfnaher Intensität und Dauer. Der Spieler muß dabei wiederholt in den anaeroben Bereich gelangen; auf diese Weise wird er befähigt, das Spieltempo auch bei hohen Laktatanhäufungen im Blut zu halten.

Kraft

Die im Badminton auftretenden äußeren Widerstände (Schläger, Ball, der eigene Körper) sind relativ gering; daher zählt ein hohes Maximalkraftniveau nicht zu den Leistungsvoraussetzungen. Schnellkraft, Kraftschnelligkeit und Kraftausdauer nehmen hingegen eine zentrale Position unter den spezifischen Krafteigenschaften des Spitzenspielers ein.

Armkraft

Da der Schläger sehr leicht ist, mit ihm aber hohe Geschwindigkeiten erreicht werden müssen, spielt die Kraftschnelligkeit in Verbindung mit den technischen Fertigkeiten eine entscheidende Rolle. Leistungsbegrenzend wirkt dabei vor allem das Niveau der Kraft- bzw. Schnelligkeitsausdauer.

Rumpfkraft

Die Rumpfmuskulatur ist an allen intensiven Schlagbewegungen beteiligt; Bauch- und Rückenmuskulatur müssen daher in Richtung Schnellkraft und Kraftausdauer entwickelt werden.

Beinkraft

Der Schwerpunkt der Kraftschulung liegt eindeutig im Bereich der Beinmuskulatur.
Während des Wettkampfs absolviert der Spieler unzählige Starts,

Sprünge und Sprints über kurze Entfernungen. All diese Bewegungen erfordern ein hohes Niveau an Schnellkraft und eine hervorragende Schnellkraftausdauer der gesamten Beinmuskulatur.

Schnelligkeit

Leistungsbegrenzende Faktoren für den Badmintonspieler sind die

● motorische Reaktionsschnelligkeit,

● motorische Aktionsschnelligkeit.

Die Reaktionsschnelligkeit ist zwar weitgehend anlagebedingt; sie kann aber in Verbindung mit koordinativen Fähigkeiten als Auswahlreaktionsfähigkeit durchaus trainiert werden. Die Aktionsschnelligkeit hängt unter anderem vom Niveau der Schnellkraft, von den technischen Fertigkeiten und von der Ökonomie der in den Muskeln und Nerven ablaufenden Prozesse ab; sie muß vorrangig mit badmintonspezifischen Mitteln entwickelt werden.

Flexibilität

Ein hohes Niveau an Beweglichkeit in allen wichtigen Gelenken ist eine unabdingbare Voraussetzung für den Badmintonspieler. Besonderes Augenmerk sollte auf die Beweglichkeit des Schulter- und Hüftgelenks sowie der Wirbelsäule gelenkt werden. Eine umfassende, regelmäßige Schulung erfolgt am zweckmäßigsten in Form eines systematischen Dehnprogramms zu Beginn des Trainings und vor dem Wettkampf.

Koordinative Fähigkeiten (modifiziert nach BARTH)

Folgende spezifische Fähigkeiten sind für den Badmintonspieler von Bedeutung:

● *Kopplungsfähigkeit* ist die Fähigkeit, mehrere selbständige Bewegungselemente zu einer geschlossenen und zielgerichteten Bewegungshandlung zu verbinden.

● *Differenzierungsfähigkeit* drückt sich in einem hochentwickelten Bewegungsgefühl, insbesonders bei feinmotorischen Bewegungen mit Ball und Schläger aus (Ballgefühl).

● *Umstellungsfähigkeit* ist die Fähigkeit, bei Situationsänderungen das motorische Programm zur Lösung der Spielsituation zu korrigieren.

● *Reaktionsfähigkeit.* Darunter versteht man die Fähigkeit, in kürzester Zeit auf eine bestimmte Situation mit einer zweckmäßigen Bewegungshandlung zu antworten.

Training
der badmintonspezifischen Kondition

Zur Auswahl der Übungen

Ein zentrales Problem im Trainingsprozeß ist die Auswahl der ‹richtigen› Übungen. Im ‹Basistraining›, das heißt dem Training der motorischen Grundeigenschaften (Kraft, Ausdauer usw.), kommt es in erster Linie darauf an, gezielte Übungsformen mit einer richtigen Belastungsdosierung zu verbinden. Für das Grundlagentraining des Badmintonspielers eignen sich fast alle allgemeinentwickelnden Übungen, insbesondere alle Varianten des Laufens, Springens und Werfens.

Im Bereich des badmintonspezifischen Konditionstrainings muß sich der Trainer bzw. Spieler von den folgenden Überlegungen leiten lassen:

● Die Bewegungsabläufe der gewählten Übungen sollen so weit wie möglich mit jenen des Wettkampfs übereinstimmen.

● Die Belastungsdosierung muß die wesentlichen Merkmale der Belastungsstruktur des Wettkampfs enthalten.

Allgemein ist schließlich zu fordern, daß die Organisation und Gestaltung des Trainings dem Gesetz der ‹Ökonomie› folgen, der Ablauf der Trainingseinheit also den Kriterien Zeitersparnis, Raum- und Geräteausnutzung sowie Effektivität entspricht.

Für das vorliegende Buch wurden fünf Übungsformen ausgewählt:

● Dauerlauf
● Circuittraining
● Seilspringen
● Lauftraining auf dem Spielfeld
● Komplextraining

Diesen fünf Übungsformen ist gemeinsam, daß sie in jedem Verein anwendbar sind, da sie keine speziellen Geräte voraussetzen. Je nach Belastungsdosierung kann man mit diesen Übungen außerdem verschiedene Eigenschaften, Fähigkeiten und Fertigkeiten entwickeln und schulen.

Die wichtigsten Trainingseffekte werden in der folgenden Übersicht zusammengefaßt.

Übung	Konditioneller Effekt	Sonstige Effekte
Dauerlauf	aerobe Ausdauer	Verbesserung des allgemeinen Gesundheitszustands Verbesserung der Willensstruktur
Circuittraining	Kraft- und Schnelligkeitsausdauer, organische Ausdauer	Ökonomisierung der Schlag- und Laufbewegungen bei spezifischem Circuittraining
Seilspringen	Schnellkraft und Kraftausdauer (Beinmuskulatur)	Verbesserung der Willensstruktur
Lauftraining auf dem Feld	spezielle Ausdauer, Schnelligkeit	Willensstruktur, Ökonomisierung der Laufbewegungen
Komplextraining	spezielle Ausdauer, Schnelligkeit	technisch-taktische Schulung, Verbesserung der Willensstruktur

Dauerlauf

Der Dauerlauf ist das ideale Mittel zur Verbesserung der aeroben Ausdauer, das heißt zur Verbesserung der maximalen Sauerstoffaufnahmefähigkeit und Anhebung der anaeroben Schwelle. Beim Dauerlauf mit *kontinuierlicher Intensität* wird das einmal gewählte Tempo während der gesamten Laufdauer beibehalten, beim Dauerlauf mit *wechselnder Intensität* kommt es zu einem Tempowechsel, der entweder geplant und systematisch ist (Tempowechsellauf), oder zu einer willkürlichen Veränderung durch den Sportler, oft auch abhängig vom Gelände (Fahrtspiel). «In beiden Fällen ist die Absicht der Intensitätsvariation gleich: Durch Erhöhung der Intensität wird kurzfristig eine Sauerstoffschuld provoziert» (LETZELTER).

Zur Trainingsgestaltung

Damit die gewünschten Anpassungseffekte eintreten, muß der Anfänger zweimal pro Woche laufen; für Fortgeschrittene und Spitzenspieler sind drei Dauerläufe pro Woche optimal. Öfter als dreimal in der Woche zu laufen erscheint nicht sinnvoll, da bei richtig gewählter Intensität die Wiederherstellungsprozesse frühestens nach 24 Stunden abgeschlossen sind. Über die Gestaltung der Belastungsgrößen gibt die folgende Tabelle Auskunft:

	Anfänger	Fortgeschrittene
Intensität (gemessen über den Arbeitspuls)	140 bis 150	150 bis 180*
Laufzeit	mindestens 20 Min.	30 bis 60 Min.
Hinweise zur Trainingsgestaltung	am Anfang kurze Gehpausen einschalten	bei Tempowechsel und Fahrtspiel anaerobe Phasen mit Puls um 200 Schläge/Minute, anschließend Ausgleich durch Trabphase

* Bei Spitzenspielern, deren anaerobe Schwelle bekannt ist, sollte der Arbeitspuls der Herzfrequenz dieser Schwelle entsprechen.

Merksätze zum Ablauf in der Praxis

● Zuerst die Strecke besichtigen, dabei gehen oder abwechselnd gehen und locker traben.

● Eine abwechslungsreiche Strecke wählen, wenn möglich in einer Gegend mit wenig Verkehr; harten Untergrund vermeiden – ideal ist ein Waldgebiet mit Nadelboden.

● Nicht den Lauf- und Atemrhythmus anderer Läufer nachahmen, sondern einen eigenen Rhythmus finden.

● Besonderen Wert auf richtige Atmung legen: nicht flach und kurz, sondern tief und kräftig ein- und ausatmen.

● Bei Auftreten von Seitenstechen langsam weiterlaufen und noch tiefer atmen, wobei der Oberkörper beim Einatmen aufgerichtet und beim Ausatmen nach vorn gebeugt wird. Läßt das Seitenstechen nicht nach, Atemgymnastik im Gehen machen: beim Einatmen aufrichten (Zehenstand) und die Arme in die Hochhalte führen, bei der Ausatmung in die Hocke gehen und den Oberkörper locker nach vorn beugen.

● Auf zweckmäßige Ausrüstung Wert legen: Kleidung aus Baumwolle oder Wolle, keine Kunstfaser; gutsitzende Laufschuhe mit ausreichender Sohlendämpfung verwenden.

Trainingskontrolle

Beim ersten Dauerlauf über die gewählte Strecke stoppt man die benötigte Zeit; dieser Wert sollte im weiteren Verlauf des Trainings systematisch unterboten werden. Auf die Einhaltung der trainingswirksamen Intensität (Kontrolle über die Arbeitspulsfrequenz) und Gesamtdauer (nie unter 30 Minuten) muß geachtet werden.

Circuittraining

Ziel des Circuittrainings (auch Zirkel- oder Kreistraining genannt) ist es, «möglichst alle Muskelgruppen gleichmäßig im Wechsel, das Herz-Kreislauf- und Atmungs-System sowie den Stoffwechsel jedoch ständig zu belasten» (SCHOLICH). Das Circuittraining nach der extensiven und intensiven Intervallmethode bietet dem Badmintonspieler optimale Verhältnisse, da bei diesen Formen – ähnlich wie im Wettkampf – kurze, intensive Belastungen mit unvollständiger Erholung abwechseln und die für den Sportler wichtigen Eigenschaften Schnellkraft, Kraft- und Schnelligkeitsausdauer trainiert werden.

Organisation und praktische Gestaltung

Für die Zusammenstellung eines Rundgangs wählt man allgemeinentwickelnde oder spezielle Übungen aus und ordnet sie in ‹Stationen› an. Jeder Teilnehmer übt an der ihm zugewiesenen Station, bis das Zeichen zum Wechsel erfolgt. Die Übungen sollen so angeordnet sein, daß die Hauptmuskelgruppen

- Beinmuskulatur,
- Arm- und Schultergürtelmuskulatur,
- Bauchmuskulatur,
- Rückenmuskulatur,

im Wechsel belastet werden. Allerdings sind auch Rundgänge möglich, die vorrangig eine Hauptmuskelgruppe ansprechen (siehe Abschnitt «Lauftraining auf dem Spielfeld»). Ein einfacher Rundgang besteht aus vier Stationen, ein längerer aus acht bis zehn Stationen. Folgende Belastungsgrößen müssen festgelegt werden:

- Anzahl, Inhalt und Reihenfolge der Stationen,
- Übungsdauer pro Station,
- Dauer und Gestaltung der Pausen zwischen den Stationen,
- Anzahl der Durchgänge und Art bzw. Dauer der Pausen zwischen den Durchgängen.

Die Stationen sollten mit Karten oder Blättern versehen werden, welche die Nummer der Station und eine Kurzbezeichnung der Übung enthalten. Die Übungen werden am besten in einem Kreis oder Rechteck angeordnet; auf diese Weise können sich die Übenden leichter orientieren. Der Trainer oder ein Sportler macht diese kurz vor und weist auf den speziellen Effekt der Station hin. Man muß den Sportlern klar-machen, daß es vor allem auf die sorgfältige Ausführung der Übungen und erst in zweiter Linie auf Schnelligkeit ankommt.

Während des Rundgangs gibt man die noch zur Verfügung stehende Zeit in Intervallen von 5 bis 10 Sekunden bekannt.

Maximaltest

Zur Kontrolle der Leistungsentwicklung wird vor Aufnahme des Trainings und danach in regelmäßigen Abständen (etwa alle 4 bis 6 Wochen) ein Maximaltest angesetzt.

An jeder Station wird 30 Sekunden geübt; in dieser Zeit soll der Übende so viele Wiederholungen wie möglich erzielen. Dabei wird jede vollständige Aktion, bei Laufübungen jede Bewegung in einer Richtung, als Wiederholung gezählt. Nach Absolvierung einer Station sollte sich der Übende vollständig erholen (Puls unter 100 Schlägen/Minute). Der Leistungszuwachs drückt sich darin aus, daß die Übungen in der vorgegebenen Zeit öfter wiederholt werden können.

Beispiel eines badmintonspezifischen Circuittrainings
(nach NIESNER/BETHGE)

Der Rundgang enthält zusätzlich zu allgemeinentwickelnden Übungen eine Reihe von spezifischen Übungen. Er wird einmal pro Woche angesetzt, wobei in der jeweils ersten Woche jedes Trainingsmonats anstelle des Trainings ein Maximaltest absolviert wird, um die Leistungsentwicklung zu überprüfen. Die Belastungs- und Pausenlänge sind der auf Seite 151 abgebildeten Trainings- und Leistungskontrollkarte zu entnehmen. Diese Werte sind auf das Training jugendlicher Spitzenspieler abgestellt und können im Vereinstraining dem Trainingszustand der Spieler entsprechend verändert werden. Es werden immer *zwei* Durchgänge absolviert. Die Intensität ist richtig gewählt, wenn der Puls unmittelbar nach der Belastung zwischen 160 und 180 Schlägen pro Minute liegt, im Grenzfall dürfen auch 200 Schläge erreicht werden. Auf die technisch saubere Ausführung der Übungen sowie auf regelmäßige Teilnahme (Spalte Durchführung) ist speziell zu achten.

Station 1
Vorwärts- und Rückwärtslaufen auf einer Spielfeldhälfte (ohne Ball mit Schläger). Wichtig: am Netz Ausfallschritt, auf der Grundlinie Stemmschritt ausführen. Dabei Schlagbewegung simulieren: Unterhand-Clear am Netz, Überkopf-Clear auf der Grundlinie.

Station 2
‹Sit-ups›: Rückenlage, Beine angehockt. Hände im Nacken, Oberkörper aufrichten und Kopf im Wechsel zwischen und neben die Knie bringen. Die Füße bleiben immer am Boden (Foto oben).

Station 3
Nach links und rechts laufen auf einer Spielfeldhälfte. Sowohl auf der Vorhand- als auch auf der Rückhandseite Ausfallschritt, dabei Drive-Schlagbewegung durchführen.

Station 4
Liegestütze (Foto Mitte)

Station 5
‹Back-ups›: Füße in der Bauchlage fixieren (unter einer Langbank, durch Partner usw.), Hände in den Nacken, Oberkörper aufrichten (Foto unten).

Station 6
Hockstrecksprünge: Ausgangsla-
ge Liegestütz (Arme nicht beugen), Beine anhocken, Streck-
sprung, zurück in die Hocke, Lie-
gestützposition usw. (Foto oben).

Station 7
Aus drei Metern Entfernung
leichten Medizinball abwechselnd
mit rechts und links gegen die
Wand werfen (Foto Mitte).

Station 8
Schattenbadminton: Lauf über
die gesamte eigene Spielfeldhälfte
in richtiger Lauftechnik (diese
Übung wird beim Konditionstest
nicht berücksichtigt).
Die Absolvierung der einzelnen
Übungen wird auf der Trainings-
karte unter der Spalte «Durchführung» durch Abhaken bestätigt.

Ruhepuls- und Konditionstest
Die Tests dienen der Kontrolle
der Leistungsentwicklung und geben Hinweise zur Dosierung des
Trainings. Der Konditionstest
wird einmal im Monat angesetzt,
der Ruhepulstest dagegen wö-
chentlich. Die Ergebnisse werden in den entsprechenden Spalten der
Karte eingetragen (Abb. rechts).
Der Ruhepuls wird vom Spieler selbst einmal in der Woche morgens
unmittelbar nach dem Aufwachen, aber vor dem Aufstehen über eine
volle Minute gemessen. Der Test gibt Auskunft über die Entwicklung
der Ausdauer-Leistungsfähigkeit, da bei entsprechendem Training die
Herzfrequenz unter Ruhebedingungen sinken sollte. Der Konditionstest ist ein Maximaltest aller Übungen des Circuit-Programms (ausgenommen Station 8). Die Wiederholungszahl wird in die jeweilige Spalte (hinter MT gleich Maximaltest) eingetragen.

Trainings- und Leistungskontrollkarte (nach NIESNER/BETHGE)

Name: Vorname: Geburtstag:

Mo-nat	Wo-che	Ruhe-puls-Test	Konditions-training		Konditionstest						
			Circuit-Training		Maximal-Test an jeder Station:						
		Schläge pro Min.	Bedin-gung	Durch-führung	Maxim. Wiederholungszahl in 30 Sek.						
					S ①	T ②	A ③	T ④	I ⑤	O ⑥	N ⑦
Aug.	1		˙/.	˙/.							
	2		B: 20 P: 30								
	3		B: 20 P: 30								
	4		B: 20 P: 30								
	5		B: 20 P: 30								
Sept.	6		˙/.	˙/.	MT:	MT:	MT:	MT:	MT:	MT:	MT:
	7		B: 25 P: 30								
	8		B: 25 P: 30								
	9		B: 25 P: 30								
Okt.	10		˙/.	˙/.	MT:	MT:	MT:	MT:	MT:	MT:	MT:
	11		B: 30 P: 30								
	12		B: 30 P: 30								
	13		B: 30 P: 30								
Nov.	14		˙/.	˙/.	MT:	MT:	MT:	MT:	MT:	MT:	MT:
	15		B: 30 P: 25								
	16		B: 30 P: 25								
	17		B: 30 P: 25								
	18		B: 30 P: 25								
Dez.	19		˙/.	˙/.	MT:	MT:	MT:	MT:	MT:	MT:	MT:
	20		B: 30 P: 20								
	21		B: 30 P: 20								
	22		B: 30 P: 20								

Abkürzungen; MT = Maximaltest; B = Belastung in Sek.; P = Pause in Sek.

Seilspringen

Aufwärmprogramm

Der erste Teil besteht aus einem sorgfältigen Stretching-Programm, wobei das Sprungseil unterstützend einbezogen werden kann. Der zweite Teil umfaßt Lauf- und Sprungübungen mit dem Seil wie z. B. Hüpfen im Stand mit Durchschlag vorwärts und rückwärts, mit und ohne Zwischensprung, Springen vorwärts mit Durchschlag, Springen vorwärts auf einem Bein mit Durchschlag vorwärts und rückwärts usw.

Verbesserung der Schnellkraft

(Beinmuskulatur)
Je nach Leistungsstand werden 15 bis 20 Doppelsprünge ohne Pause absolviert. Doppelsprünge sind hohe Sprünge, bei denen das Sprungseil zweimal durchgezogen wird. Die darauffolgende Pause dient der vollständigen Erholung und soll 2 bis 5 Minuten betragen.
Die Übung wird 6- bis 10mal wiederholt. Auf hohe Bewegungsgeschwindigkeit und ‹explosive› Muskelkontraktion ist besonders zu achten.

Verbesserung der Kraftausdauer

(Beinmuskulatur)
Diese Übung setzt eine gute Beherrschung der Sprungtechnik voraus, da die vorgeschriebene Sprungzahl ohne Unterbrechung erreicht werden sollte.
Es werden Doppelsprünge ohne Pause absolviert.

Belastungsdosierung	Anfänger	Fortgeschrittene	Spitzenspieler
Anzahl der Sprünge	10 bis 20	20 bis 30	40 bis 50
Pausenlänge	60 bis 90 Sekunden		
Wiederholungen	1 bis 2	2 bis 4	3 bis 5

Abschließend soll anhand eines Beispiels gezeigt werden, bis zu welchen Grenzen der körperlichen Leistungsfähigkeit ein Spitzenspieler vorstoßen muß, um im Feld der Weltklasse zu bestehen.

Indonesisches Ausdauertraining mit dem Sprungseil
(aus: «Badminton Gazette»)
45 Sek. Doppelsprünge, 15 Sek. Pause, 20 Wiederholungen
30 Sek. Doppelsprünge, 15 Sek. Pause, 15 Wiederholungen
15 Sek. Doppelsprünge, 15 Sek. Pause, 10 Wiederholungen
Das Programm wird ohne Pause zwischen den einzelnen Serien absolviert, die Übungsdauer beträgt etwa 30 Minuten. Der Nationalspieler Tjun Tjun, amtierender Weltmeister im Herrendoppel, bewältigt das gesamte Programm sogar mit Dreifachsprüngen.

Lauftraining auf dem Spielfeld

Während der Vorbereitungsperiode muß der Badmintonspieler zunächst die Schnellkraft bzw. Kraftausdauer der Beinmuskulatur verbessern; dieses Ziel wird vor allem durch allgemeinentwickelnde Übungen (Circuittraining, Sprungseiltraining) erreicht. Im zweiten Teil der Vorbereitungsphase tritt diese Form der Konditionsschulung zurück; dafür kommt zunehmend ein badmintonspezifisches Lauftraining.

An dieser Stelle werden die drei Grundformen ‹Polizistenspiel›, ‹Schattenbadminton› und ‹Circuittraining mit Laufübungen bzw. Schlagsimulation› näher besprochen.

Polizistenspiel (Fotos Seite 154 oben und Mitte)
Es wurde bereits im Abschnitt «Training der Lauftechnik» vorgestellt. Zur Verbesserung der *speziellen Kraftausdauer* der Beinmuskulatur werden folgende Belastungsgrößen empfohlen:

Belastung:	20 bis 45 Sekunden
Intensität:	hoch bis sehr hoch
Pausen:	20 bis 60 Sekunden
Wiederholungen:	Sie richten sich nach dem Leistungsstand der Spieler. Man beginnt mit etwa 5 Minuten Gesamtübungsdauer und steigert systematisch, bis etwa 15 bis 20 Minuten Gesamtdauer erreicht sind.

Besonderes Augenmerk ist auf eine saubere Lauftechnik zu legen. Die Intensität der Übung kann dadurch erhöht werden, daß der ‹Polizist› in schnellerer Folge auf die anzulaufenden Punkte zeigt.

Schattenbadminton
Der Spieler läuft in richtiger Lauftechnik über seine Spielfeldhälfte und ‹spielt› gegen einen imaginären Gegner. Er kann das Tempo der ‹Ballwechsel› und damit die Übungsintensität selbst bestimmen. Schattenbadminton erfordert Selbstdisziplin und Überwindung; man kann diese Übung daher auch zur Verbesserung der Willensstruktur einsetzen. Da man dazu nur eine ebene Fläche im Ausmaß von 6 mal 7 Metern benötigt, eignet sich Schattenbadminton als Zusatztraining zu Hause oder als Überbrückungstraining in den Weihnachts- oder Semesterferien.

Circuittraining mit Laufübungen und Schlagsimulation

Der folgende Rundgang belastet vorrangig die Beinmuskulatur und besteht aus badmintonspezifischen Laufübungen.

Station 1

Lauf über die Feldbreite mit Drive-Schlagbewegung in den Positionen 4 und 5.

Station 2

Lauf in die Positionen 1 bis 8, wobei in jeder Position eine vorher vereinbarte Schlagbewegung simuliert wird; dazwischen Rückkehr zur Spielfeldmitte.

Station 3

Lauf parallel zur Grundlinie von Position 6 zu Position 8 und zurück. In Position 6 Sprung und Überhand-Smash-Bewegung, in Position 8 Umsprung und Smash links vom Kopf.

Station 4

Achterschleife mit schwerem Schläger (circa 150 g) bzw. mit einem Schläger, der mit einem Zusatzgewicht (30 Prozent) versehen ist (vgl. Fotos Seite 154/155 unten). Bei der Achterschleife werden Vor- und Rückhandschläge im Seithandbereich ausgeführt, wobei die Ausschwungbewegung des Vorhandschlags unmittelbar in die Ausholbewegung des Rückhandschlags übergeht. Es entsteht dabei eine Figur, die einer ‹8› ähnelt. Auf deutliche Pro- und Supination bzw. auf entsprechende Beugung und Streckung des Handgelenks ist zu achten.

Station 5

Lauf von der Grundlinie zum Netz; an der Grundlinie Stemmschritt und Überkopf-Smash-Bewegung, am Netz Ausfallschritt und ‹Töten›.

Station 6
Lauf von Position 8 nach Position 2 und zurück; in Position 8 Umsprung und Schlagsimulation ‹links vom Kopf›, in Position 2 Ausfallschritt und ‹Töten›.

Station 7
Lauf vom ‹T› (Kreuzung Mittellinie–vordere Aufschlaglinie) zu den Positionen 2 und 3; in beiden Positionen Ausfallschritt und ‹Töten›.

Station 8
Lauf von Position 6 nach Position 3 und zurück; in Position 6 Ausfallschritt nach rechts hinten und Unterhand-Clear-Bewegung, in Position 3 Ausfallschritt und ‹Töten› mit Rückhand.

Zur Verbesserung der *speziellen Kraftausdauer* sollten folgende Belastungsgrößen gewählt werden:

Belastungsdauer: 30 bis 45 Sekunden

Pausendauer: 30 bis 60 Sekunden

Zahl der Rundgänge: je nach Leistungsgrad 2 bis 4

Auf hohes Lauftempo und korrekte technische Ausführung achten.

Komplextraining für Fortgeschrittene und Spitzenspieler

Der Begriff ‹Komplextraining› umfaßt alle Trainingsformen, mit denen die badmintonspezifische Kondition und andere Faktoren (Schlag- und Lauftechnik, Taktik usw.) *gleichzeitig* verbessert werden. Für den Fortgeschrittenen und Spitzenspieler stellt das Komplextraining die effektivste Trainingsform dar, da es komplexe Anpassungen hervorruft und zur harmonischen Verbindung der einzelnen leistungsbestimmenden Komponenten beiträgt. An dieser Stelle soll noch einmal darauf hingewiesen werden, daß eine kontinuierliche Leistungssteigerung die systematische Erhöhung der Trainingsbelastung (Umfang und/oder Intensität) voraussetzt.

Für das Techniktraining des Spitzenspielers, welches ja «ein hohes Könnensniveau stabilisieren und optimieren soll», bedeutet dieses Prinzip der allmählichen Erhöhung der Belastung, «daß strapaziöser, beharrlicher und möglichst unter streßhaften Bedingungen trainiert werden muß» (MARTIN).

Im Bereich des Taktiktrainings kommt es vor allem darauf an, zunehmend «unter emotionalen Veränderungen und unter der bewußten Einführung negativer Faktoren zu trainieren» (MARTIN). Solche Störfaktoren, welche die taktische Handlungsfähigkeit im Wettkampf negativ beeinflussen können, sind vor allem emotionale Anspannung und Ermüdung.

Um die Störresistenz der Bewegungsabläufe und der Wettkampfführung zu erhöhen und die komplexe Spielfähigkeit zu schulen, muß der Fortgeschrittene und Spitzenspieler vor allem Spiele unter erschwerten Bedingungen absolvieren.

Für den Bereich der *speziellen Ausdauer* hat MARTIN unter anderem die Entwicklung folgender Merkmale verlangt:
«– die Entwicklung der Fähigkeit des Sportlers, intensive Belastungen auch in der Phase der latenten Ermüdung durchzuhalten;
– die Bewegungsgeschwindigkeit im Wettkampf entsprechend taktischer Verschiebungen und Varianten variieren zu können;
– die Fähigkeit, in der Schlußphase des Wettkampfes noch hohe Bewegungsgeschwindigkeiten leisten zu können.»
Das Komplextraining eignet sich hervorragend zur Entwicklung dieser Fähigkeiten, aber auch zur Verbesserung der einzelnen Komponenten der speziellen Ausdauer wie anaerobe Kapazität, spezielle Schnelligkeitsausdauer usw. Es kommt dabei vor allem auf die Belastungsdosierung an, die ein optimales Verhältnis zwischen Dauer und Intensität gewährleisten muß.

Das komplexe Training ist während der Wettkampfperiode das wichtigste Trainingsmittel zur Stabilisierung der sportlichen Leistung des Badmintonspielers. Steht daher das Spielfeld im Verlauf einer Trainingseinheit dem einzelnen Spieler nur für begrenzte Zeit zur Verfügung, hat das Komplextraining absoluten Vorrang, da ein Großteil der ‹reinen› Konditionsübungen auch im Raum um die Spielfelder absolviert werden kann.

Es erscheint weder sinnvoll, noch ist es aus Platzgründen möglich, sämtliche Übungsformen und Varianten zu beschreiben. Das vorliegende Buch beschränkt sich daher auf die Behandlung von mehreren Hauptformen, wobei jeweils auf Variationen hingewiesen wird. Die Übungsbeschreibungen und Hinweise sollen die vielfältigen Möglichkeiten des Komplextrainings illustrieren und den Spieler bzw. Trainer dazu anregen, aus den erläuterten Elementen des Technik-, Taktik- und Konditionstrainings die für seine Zwecke am besten geeigneten Übungsformen zusammenzustellen.

Dabei ist zu berücksichtigen, daß mit den Übungsformen
- Schlagkombination,
- Ballmaschine,
- Smash- und Drop-Test

vorrangig *spezifische* Komponenten der komplexen Wettkampfleistung entwickelt werden; die Verbindung dieser Komponenten und die Herausformung eines wettkampfgerechten Verhaltens erfolgt in Spielen unter erschwerten Bedingungen und in Übungsspielen.

Schlagkombinationen als Komplextraining

Die komplexen Trainingseffekte von Schlagkombinationen werden anhand des Beispiels Clear – Drop – Smash dargestellt. Die Übung kann in zwei Varianten ausgeführt werden:

Variante A ohne Rollenwechsel
P schlägt einen hohen Aufschlag
S schlägt Angriffs-Clear
P schlägt Verteidigungs-Clear
S schlägt Drop
P schlägt Unterhand-Clear
S schlägt Smash
P wehrt kurz ab
S ‹tötet› am Netz.

Variante B mit Rollenwechsel
S_1 hoher Aufschlag
S_2 Angriffs-Clear
S_1 Verteidigungs-Clear
S_2 Drop
S_1 Unterhand-Clear
S_2 Smash
S_1 kurze Abwehr
S_2 Unterhand-Clear
S_1 Angriffs-Clear usw.

Fortgeschrittene sollten zunächst auf dem halben Spielfeld üben, wobei alle Bälle parallel zur Seitenlinie geschlagen werden. Mit zunehmendem technisch-konditionellen Niveau wird die Übung auf das ganze Spielfeld ausgedehnt; für die verschiedenen Schlagarten legt man Zielpunkte oder -bereiche fest.

Stehen gleichwertige Partner zur Verfügung, wird die Übung mit drei Spielern durchgeführt, die sich in der Rolle als Zuspieler ablösen: Ein Spieler erholt sich am Feldrand; er kann auch als Trainer aushelfen, indem er die Aktionen des Übenden bzw. des Zuspielers überwacht und notwendige Korrekturhinweise gibt. Ist nur ein Spitzenspieler vorhanden, so wählt man die Variante A und besetzt sämtliche ‹P›-Positionen mit je einem Zuspieler; die Zuspieler üben dann den an ihrer Position geforderten Schlag (hoher Aufschlag, Verteidigungs-Clear, Unterhand-Clear, kurze Abwehr).

Hinweise zur Trainingsgestaltung
Durch entsprechende Belastungsdosierung kann man unterschiedliche Faktoren der komplexen Spielleistung schulen:

Trainingsziel	Intensität (Lauf- und Schlagtempo)	Belastungs-dauer (ca.)	Pausenlänge (ca.)	Wieder-holungen
Technik/ Taktik	mittel bis hoch	60–300 Sek.	2 bis 5 Min.	1 bis 6
anaerobe Ausdauer mit Laktatbildung	sehr hoch	20–120 Sek.	2 bis 4 Min.	3 bis 6
anaerobe Ausdauer ohne Laktatbildung	submaximal	10–20 Sek.	2 bis 4 Min.	3 bis 6
Schnelligkeit	maximal	1 Durchgang	2 bis 5 Min.	4 bis 6

● Trainingsziel *Technik:* Im Vordergrund stehen die Verbesserung der Schlag- und Laufökonomie und die Schulung der Schlaggenauigkeit. Für jede Schlagart werden Zielpunkte bzw. -gebiete vereinbart. Die Erholung in der Pause sollte fast vollständig sein, da technisches Training im ermüdeten Zustand nicht den gewünschten Effekt hat. Die Belastungsdauer richtet sich nach dem technisch-konditionellen Niveau der Teilnehmer.
● Trainingsziel *Taktik*: Um das taktische Verhalten von S zu schulen, muß er einen Smash spielen, wenn der hohe Aufschlag oder der Verteidigungs-Clear vor der Doppelaufschlaglinie auftrifft. Ansonsten hat S die Wahl zwischen den drei Schlagarten, wobei Anspielpunkte vor-

gegeben oder frei sein können. Die Reihenfolge der Schläge in der Kombination wird aber beibehalten: Spielt S einen Drop als Antwort auf den hohen Aufschlag, so führt er den nächsten Schlag als Smash aus. Bei entsprechendem technischem Können aller Beteiligten kommt es gleichzeitig zu einer Verbesserung der speziellen Ausdauer.

● Trainingsziel *anaerobe Ausdauer*: Man wählt Variante A, wobei unmittelbar nach dem ‹Töten› des Balls der nächste hohe Aufschlag durch P erfolgt. Da die Übungsintensität sehr hoch sein muß, um bei S eine möglichst große Sauerstoffschuld zu provozieren, muß P mehrere Bälle zur Verfügung haben; schlägt S einen Ball ins Netz oder Aus, führt P sofort den nächsten hohen Aufschlag aus. Die Zahl der Wiederholungen richtet sich nach der Fähigkeit von S, die Übung jeweils mit unvermindert hoher Intensität zu absolvieren.

● Trainingsziel *Schnelligkeit*: Es wird Variante A durchgeführt. S läuft nach der Ausführung von Clear und Drop zur vorderen Aufschlaglinie und tippt mit dem Schläger auf das ‹T›. Steht keine hohe Halle zur Verfügung, die P die Ausführung des hohen Verteidigungs-Clears erlaubt, verlegt man den Anlaufpunkt entsprechend nach hinten. Die relativ langen Pausen dienen der vollständigen Erholung. Zu beachten ist ferner, daß nach einem stark ermüdenden Dauertraining etwa 48 Stunden verstreichen sollten, ehe ein Schnelligkeitstraining angesetzt wird.

‹Ballmaschine›

Das Training an der ‹Ballmaschine› unterscheidet sich von einer Schlagkombination dadurch, daß die Zuspieler den von S gespielten Ball nicht zurückschlagen, sondern einen neuen Ball zuwerfen und zuspielen.

Der Vorteil dieser Übungsform liegt vor allem in der Möglichkeit, die Intensität genau zu dosieren; außerdem gestattet die ‹Ballmaschine› die Verbesserung spezifischer Eigenschaften auch dann, wenn als Partner nur Anfänger und mäßig Fortgeschrittene zur Verfügung stehen.

Beispiel für eine ‹Ballmaschine›

P_1 steht an der vom Spieler aus gesehenen rechten Seitenlinie und beginnt mit einem hohen Aufschlag parallel zur Seitenlinie. S läuft von der Mitte zur Position 6 und schlägt nach Vereinbarung einen Clear/ Drop/Smash in den Treffbereichen Überkopf oder Überhand.

Komplextraining
Beispiel für eine ‹Ballmaschine›

P₁ und P₃ spielen hohe Aufschläge paral-
lel zu den Seitenlinien.
P₂ spielt kurze Aufschläge auf das ge-
genüberliegende ‹T›.
S spielt je nach Vereinbarung Clear/
Drop/Smash aus dem Grundlinienbe-
reich und ‹tötet›, wischt oder hebt am
Netz.

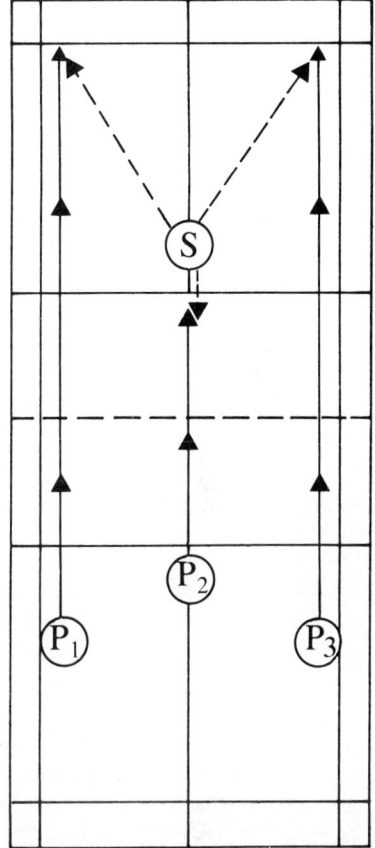

Sobald S den Schlag ausgeführt hat, spielt P₂, der in der Nähe des ‹T›
postiert ist, einen kurzen Aufschlag auf das gegenüberliegende ‹T›.
S, der inzwischen über die zentrale Position Richtung Netz gelaufen
ist, macht einen Ausfallschritt und ‹tötet›, wischt oder hebt den Ball.
P₃, der an der linken Seitenlinie steht, führt nun einen hohen Aufschlag parallel zur Seitenlinie aus.
S läuft nach Position 8 und schlägt einen Clear/Drop/Smash im Umsprung.
P₂ spielt nun einen kurzen Aufschlag usw.

Um einen reibungslosen Ablauf der Übung zu gewährleisten, müssen die Zuspieler ihre Aufschläge unmittelbar nach dem Schlag von S ausführen. Ein weiterer Spieler sammelt die Bälle ein und teilt sie wieder auf die Zuspieler auf. Je mehr Bälle zur Verfügung stehen, desto störungsfreier gestaltet sich die ‹Ballmaschine›.

Variationsmöglichkeiten
S schlägt Clear, Drop oder Smash auf Zuruf des Trainers.
S spielt seine Bälle diagonal oder parallel, abwechselnd oder auf Zuruf.
P_2 steht nicht in der Mitte, sondern an einer Seitenlinie und schlägt parallele Aufschläge.
P_2 wirft die Bälle mit der Hand knapp hinter das Netz.
Die Zuspieler schlagen flach/weite Aufschläge und/oder beschleunigen den Zuspielrhythmus.
Die Zuspieler schlagen ihre Aufschläge nicht in fester Reihenfolge, sondern auf ein Zeichen des Trainers, der hinter der Grundlinie von S steht.

Trainingsziele und Belastungsdosierung
Die ‹Ballmaschine› eignet sich für das technische Training unter Stressbedingungen sowie zur Schulung spezifischer Konditionsfaktoren. Auf Grund der unspezifischen Zuspielweise ist diese Übungsform für das Taktiktraining hingegen nur beschränkt verwendbar.
Die Lauf- und Schlagintensität liegt bei der ‹Ballmaschine› – abhängig vom Zuspiel – im Bereich hoch bis maximal; die Belastungsdauer muß daher im Vergleich zu der einer Schlagkombination etwas reduziert werden.

Smash-Übung und Smash-Test (nach NIESNER/BETHGE)
Diese Variante der ‹Ballmaschine› dient zur Verbesserung der komplexen Fähigkeit, den Smash auch unter Druck über das Netz in das gegnerische Feld schlagen zu können.

Smash-Übung
Zwei an den Seitenlinien stehende Spieler schlagen parallel zu ihrer jeweiligen Seitenlinie hohe Aufschläge. Der Übende schmettert von der anderen Seite in das gegnerische Feld. Der nächste Aufschlag erfolgt, wenn der Übende gerade schmettert.
Die Übungsintensität wird gesteigert, wenn der Übende nach jedem

Smash nach vorn laufen und mit dem Schläger auf das ‹T› tippen muß. Der nächste Aufschlag erfolgt, wenn der Übende mit dem Schläger vorn auftippt. – Intensität und Dauer der Belastung richten sich nach dem jeweiligen Trainingsschwerpunkt (vgl. Kasten auf Seite 159). Zur Verbesserung der speziellen Ausdauer und der psychisch/physischen Belastungsfähigkeit unter Stress kann die Übungsdauer auf mehrere Minuten (bei entsprechend langen Pausen) ausgedehnt werden.

Die Übung sollte einmal pro Woche absolviert werden, der Leistungsfortschritt wird einmal pro Monat mit dem Smash-Test überprüft.

Smash-Test

Es soll in möglichst kurzer Zeit eine vorgegebene Zahl von Smashes in das gegnerische Feld erfolgen. Bälle ins Aus oder in das Netz werden also nicht mitgezählt. Die erzielte Zeit wird in einem Testbogen vermerkt. Unmittelbar nach dem Test erfolgt die Messung des Arbeitspulses; drei Minuten nach Abbruch der Belastung wird der Erholungspuls gemessen. Beide Werte werden in den Testbogen eingetragen.

Testbedingung: Herren 40 Smashes

                 Damen 30 Smashes

Die Testübung entspricht immer der Übungsvariante (mit oder ohne Lauf zum ‹T›).

Drop-Test

Dieser Test dient der Überprüfung (bzw. Verbesserung) der Konzentrationsfähigkeit und der psychisch-physischen Belastungsverträglichkeit unter Stressbedingungen.

Der Trainer steht an der vorderen Aufschlaglinie und spielt Unterhandschläge in beliebiger Reihenfolge. Der Übende hat die Aufgabe, alle Bälle als Drop zurückzuschlagen. Sein Ziel ist es, jeden Ball zu erreichen und über das Netz in das gegnerische Feld zu spielen. Als Fehler zählen ins Aus, in das Netz, über die vordere Aufschlaglinie geschlagene oder nicht ereichte Bälle.

Der Trainer muß sein Zuspiel dem Leistungsstand des Übenden anpassen und die Anspielpunkte so wählen, daß dieser den Ball erreichen kann. Der Übende darf seine Drops nicht zu genau spielen, sondern sollte sich auf die Vermeidung von Fehlern konzentrieren.

Die Übungsdauer richtet sich nach dem technisch-konditionellen Niveau des Übenden und schwankt zwischen 3 und 6 Minuten. Unmittelbar nach Beendigung des Tests wird der Arbeitspuls gemessen, drei

Minuten nach Abbruch der Belastung der Erholungspuls. Beide Werte und die Fehlerzahl werden in eine Testkarte eingetragen. Der Drop-Test sollte einmal pro Monat absolviert werden.

Drop-Smash-Test
Sein Ablauf entspricht weitgehend dem des Drop-Tests. Der Übende muß jedoch auf Zuruf des Trainers anstelle des Drop einen Smash schlagen. Aufgrund der gesteigerten Intensität beträgt die Übungsdauer nur zwischen 2 und 4 Minuten. Damit ein reibungsloser Ablauf gesichert ist und im Zuspiel des Trainers keine Pause eintritt, sammelt ein weiterer Spieler die Bälle ein und hält sie zur Verfügung des Trainers. Da für Zeitnehmung und das Zählen der Fehler ein weiterer Spieler benötigt wird, empfiehlt es sich, den Test mit mindestens vier Spielern durchzuführen, die sich in den Funktionen als Übender, Zeitnehmer und Ballsammler abwechseln.

Spiele unter erschwerten Bedingungen
Es handelt sich dabei um wettkampfnahe Trainingsformen, bei denen es durch physische, technische oder taktische Erschwernisse zur Erhöhung der Intensität oder des Umfangs der Belastung im Vergleich zur Wettkampfbelastung kommt. Diese Trainingsform stellt höchste Anforderungen an die physischen und psychischen Kräfte des Sportlers.

Spiele mit technischer Erschwerung
Sie dienen vorrangig der Verbesserung der Schlaggenauigkeit unter Stressbedingungen.
● Drop – Clear – Spiel: Spieler A und B spielen ein Einzel; alle Bälle müssen entweder zwischen Grundlinie und Doppelaufschlaglinie oder zwischen Netz und vorderer Aufschlaglinie auftreffen. Die im Bereich dazwischen auftreffenden Bälle zählen als Fehler.
● Der ‹erlaubte› Anspielbereich wird um je einen Streifen parallel zur Seitenlinie erweitert, der als Zielgebiet für den Smash dient. Die Breite dieses Streifens variiert je nach Könnensstand der Spieler.

Spiele mit taktischer Erschwerung
● Spieler A spielt auf Angriff, Spieler B normal oder auf Verteidigung. Dabei darf A keinen Verteidigungs-Clear verwenden und muß jeden Ball, der vor der Doppelaufschlaglinie auftreffen würde, als Smash schlagen, sofern er ihn als Vorhandschlag ausführen kann.

Komplextraining
Spiel mit technischer Erschwerung

Clear-Drop-Spiel: Alle Bälle müssen im schraffierten Bereich auftreffen.
Der gestreifte Bereich dient als Zielbereich für den Smash.

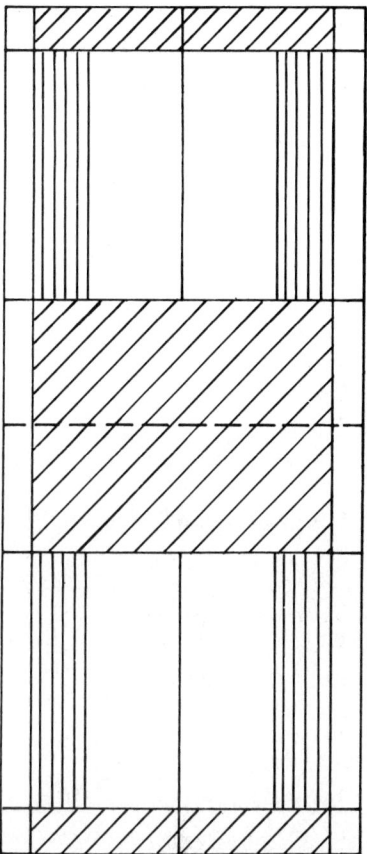

Spieler B hat die Aufgabe, seinem Gegner den Angriff durch häufige Verwendung von Verteidigungs-Clears zu ermöglichen.

● Spieler A spielt auf Verteidigung, Spieler B normal. Ziel von A ist zu ‹überleben›, das heißt den Ball ‹im Spiel› zu halten. Er darf nicht schmettern, kann aber im Netzbereich ‹töten›.

● Spiel halbes gegen ganzes Feld. Spieler A darf nur in jene Feldhälfte spielen, von der aus Spieler B aufschlägt oder den Aufschlag empfängt. Spieler B steht das gesamte gegnerische Feld zur Verfügung (vgl. Abbildung Seite 166).

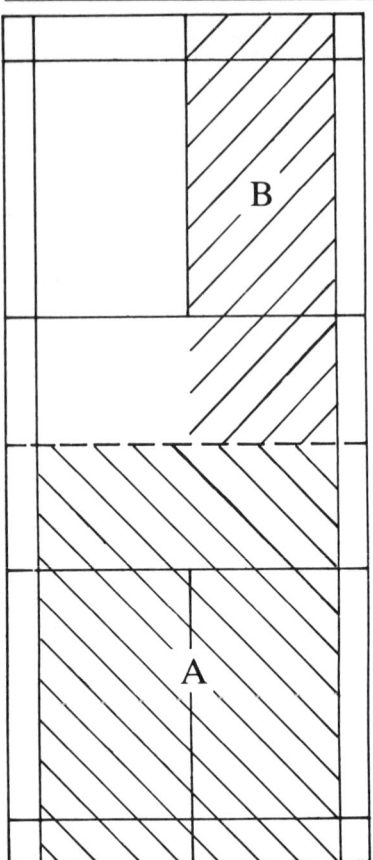

Komplextraining
Spiel mit taktischer Erschwerung

Spiel halbes gegen ganzes Feld

Spiele mit physischer Erschwerung
● Spiel mit Bleiweste: Spieler A trägt eine Bleiweste, deren Zusatz-gewicht maximal 10 Prozent seines Körpergewichts betragen sollte. Die Zahl der gespielten Sätze richtet sich nach dem konditionellen Ni-veau von A. Stehen genügend Partner zur Verfügung, wird der Geg-ner nach jedem Satz ausgewechselt.
● Spiel einer gegen zwei: Spieler A spielt gegen zwei Gegner B und C. A spielt auf Angriff, B und C halten den Ball im Spiel und versu-chen, die Ballwechsel so lang wie möglich zu gestalten. Dabei ist jeder

für eine Spielfeldhälfte verantwortlich, das heißt, B und C dürfen nicht im Doppelsystem spielen. Je nach konditionellem Niveau von A werden zwei oder mehr Sätze gespielt.

Damit der beabsichtigte Trainingseffekt eintritt, müssen sich alle beteiligten Spieler genau an ihre Anweisungen halten, wobei den Partnern des jeweils Trainierenden eine besonders wichtige Rolle zukommt. Spiele unter erschwerten Bedingungen haben immer einen pädagogischen Effekt, da die Spieler auf die Kooperation ihrer Kollegen angewiesen sind und der Teamgeist stark in den Vordergrund rückt.

Übungs- und Wettspiele

«Das wettkampfspezifische Training (gemeint ist das Übungsspiel unter wettkampfähnlichen Bedingungen; die Verf.) ist die komplexe Trainingsform, mit deren Hilfe die Verbindung zwischen den einzelnen leistungsbestimmenden Komponenten hergestellt, der Prozeß der physischen und psychischen Anpassung beschleunigt und der Sportler direkt auf die Wettkampfanforderung und auf wettkampfgerechtes Verhalten physisch, psychisch, technisch und taktisch eingestellt werden soll» (HARRE). In Verbindung mit Mannschafts- und Einzelturnieren haben die Übungsspiele am Ende der Vorbereitungsperiode und in der Wettkampfperiode einen entscheidenden Einfluß auf die Steigerung bzw. Stabilisierung der Leistung. Spiele gegen Vereinskollegen sollten immer unter einem spezifischen technischen, taktischen oder konditionellen Aspekt ausgetragen werden, da es ansonsten infolge der genauen Kenntnis des Gegners oft zu eingefahrenen Spielzügen und damit zu taktischem Fehlverhalten kommt. Dies trifft natürlich nicht auf Ranglistenspiele im Verein zu, da hier ja der Aspekt des Gewinnens im Vordergrund steht.

Freundschaftliche Wettkämpfe (vor allem in der Vorbereitungsperiode) sollten ebenfalls zur Erprobung spezifischer Faktoren der Spielleistung ausgetragen werden und sind daher ebenfalls zum Komplextraining im weitesten Sinne zu zählen. Der Wettkampf ist nicht nur das Ziel des Trainings, sondern zugleich eine der wichtigsten Formen für die Aneignung einer wettkampffesten Technik und Taktik sowie für das Sammeln von Wettkampferfahrungen.

Anhang

Die Spielregeln
des deutschen Badminton-Verbandes

Spielfeld

Regel 1

a) Das Spielfeld wird gemäß Zeichnung (siehe Abbildung Seite 15) mit den angegebenen Maßen angelegt (ausgenommen in dem in folgender Ziffer 1b bezeichneten Fall) und durch weiße oder gelbe oder, wenn dies nicht möglich ist, durch sonstige leicht erkennbare Linien abgegrenzt. Die Linien haben eine Breite von 4 cm.

Bei der Markierung des Spielfelds liegt die Breite der Mittellinie (4 cm) zu gleichen Teilen im rechten und linken Aufschlagfeld. Die vordere und die hintere Aufschlaglinie liegen mit ihrer Breite (4 cm) innerhalb der Gesamtlänge des Aufschlagfelds (3,96 m). Die Breiten aller übrigen Begrenzungslinien (4 cm) liegen innerhalb der gegebenen Maße.

b) Wenn wegen Platzmangel die Markierung eines Doppelfelds nicht möglich ist, kann das Spielfeld als Einzelspielfeld angelegt werden. Die rückwärtige Begrenzungslinie ist dann gleichzeitig hintere Aufschlaglinie. Die Pfosten oder Streifen aus geeignetem Material, die gemäß Regel 2 die Pfosten darstellen, werden an den Seiten aufgestellt.

Pfosten

Regel 2
Die Pfosten haben vom Boden gemessen eine Höhe von 1,55 m. Sie
müssen stark genug sein, um das Netz gemäß Regel 3 straff gespannt
zu halten. Die Pfosten werden auf den seitlichen Begrenzungslinien
des Spielfelds aufgestellt. Wenn dies nicht möglich ist, muß ein Hilfsmittel den Punkt bezeichnen, an dem sich die seitlichen Begrenzungslinien mit dem Netz schneiden, z. B. durch einen dünnen Stock oder
einen 4 cm breiten Streifen aus geeignetem Material, die an den seitlichen Begrenzungslinien befestigt sind und senkrecht bis zum Netz
hochführen.
Beim Doppelfeld werden die Pfosten an den seitlichen äußeren Begrenzungslinien aufgestellt, gleichgültig ob Doppel oder Einzel gespielt wird.

Netz

Regel 3
Das Netz wird aus feiner Kordel oder Kunstfaser in dunkler Farbe mit
1,5 bis 2 cm großen Maschen angefertigt.
Es wird von Pfosten zu Pfosten straff gespannt und ist 76 cm tief. Die
obere Linie des Netzes muß vom Boden gemessen an den Pfosten eine
Höhe von 1,55 m und in der Mitte eine Höhe von 1,524 m haben. Das
Netz ist mit einem 7,5 cm breiten doppelten weißen Band (Lasche)
eingefaßt. Es wird von einem Seil oder Kabel gehalten, welches durch
diese Lasche gezogen und am oberen Ende der beiden gleichhohen
Pfosten befestigt ist.

Federball und Schläger

Regel 4
Allgemeine Form
Der Federball muß 14 bis 16 in einem Kork von 2,5 bis 2,8 cm Durchmesser befestigte Federn haben. Die Federn müssen von der Spitze bis
zur Oberkante des Korks 6,4 bis 7,0 cm lang sein. An den Federspitzen
muß der Durchmesser 5,4 bis 6,4 cm betragen. Die Federn müssen mit
Zwirn oder anderem geeigneten Material fest miteinander verbunden
sein.
Der Kork muß unten abgerundet und insgesamt mit einer dünnen

Schicht weißen Leders oder einem Material mit ähnlichen Eigenschaften überzogen sein.

Synthetische Federbälle

Ein Korb aus synthetischem Material ersetzt die Naturfedern. Die Basis muß aus Kork sein, mit einer dünnen Schicht weißen Leders oder einem Material mit ähnlichen Eigenschaften überzogen. Alternativ dazu kann die Basis aus synthetischem Material hergestellt sein, wenn es ähnliche Eigenschaften hat und auf dem bespannten Schläger genauso empfunden wird wie ein mit dünner Schicht weißen Leders überzogener Kork. Die Basis muß unten abgerundet sein.

Die Flugeigenschaft muß ähnlich der eines Federballs sein.

Die Abmessungen müssen dieselben sein wie in Regel 4 (Allgemeine Form) beschrieben.

Wegen der Unterschiede im spezifischen Gewicht und im Verhalten des synthetischen Materials im Vergleich zu Naturfedern ist eine Abweichung in den festgelegten Ausmaßen von 10 % zugelassen.

Gewicht

Der Federball muß zwischen 4,74 und 5,50 Gramm (73 und 85 grain) wiegen.

Geschwindigkeit und Flug

Die Geschwindigkeit des Federballs muß als korrekt angesehen werden, wenn er von einem Spieler mit einem vollen Unterhandschlag von einem Punkt unmittelbar über einer rückwärtigen Begrenzungslinie in Aufwärtsrichtung parallel zur Seitenlinie geschlagen wird und nicht weniger als 53 cm und nicht mehr als 99 cm von der gegenüberliegenden rückwärtigen Begrenzungslinie auftrifft.

Unter der Voraussetzung, daß keine Veränderung in allgemeiner Form, Gewicht, Geschwindigkeit und Flug eintritt, dürfen mit Zustimmung des zuständigen Nationalverbandes Veränderungen in der oben angegebenen Beschreibung vorgenommen werden, wenn

a) an Orten mit atmosphärischen Bedingungen, bestimmt entweder von Höhenlage oder Klima, der Standard-Federball ungeeignet ist, oder

b) besondere Umstände vorhanden sind, die es im Interesse des Spiels sonst erforderlich machen.

Schläger

Die Schlagfläche des Schlägers muß eben sein. Sie hat aus einem Muster von sich kreuzenden Saiten zu bestehen, die mit dem Rahmen verbunden sind und dort, wo sie sich kreuzen, abwechselnd in sich auch

verflochten oder verknotet sind. Das Saitenmuster muß generell gleich-
förmig sein und, insbesondere in der Mitte, nicht weniger dicht als an
jedem anderen Punkt der Schlagfläche.

Der Rahmen des Schlägers einschließlich des Schaftes darf 68 cm in der
gesamten Länge und 23 cm in der Breite nicht überschreiten.

Die Gesamtlänge des Schlägerkopfes darf nicht mehr als 29 cm betragen.

Die Saitenfläche darf in der Länge 28 cm und in der Breite 22 cm nicht
überschreiten.

Der Schlägerrahmen einschließlich Schaft und Saiten

● hat frei zu sein von haftenden Gegenständen und Vorsprüngen mit
  Ausnahme von solchen, die allein und speziell verwertet werden
  können, um
  – Abnutzung und Verschleiß oder Schwingungen zu begrenzen oder
    zu verhindern,
  – das Gewicht zu verteilen,
  – den Schaft an der Hand des Spielers mittels einer Schnur zu
    sichern
  und die bezügliche Größe und Befestigung für die o. g. Verwen-
  dungszwecke geeignet sind;

● hat außerdem frei zu sein von jeglichen Vorrichtungen, die es dem
  Spieler ermöglichen, die Schlägerform zu ändern.

Spieler

Regel 5
a) Die Teilnehmer eines Spiels werden als «Spieler» oder «Spielerin-
nen» bezeichnet.
b) Das Spiel wird im Falle eines Doppels von zwei Spielern und im
Falle eines Einzels von einem Spieler auf jeder Seite bestritten.
c) Die Seite, welche das Aufschlagrecht hat, heißt die «Innen»-Seite.
Die andere Seite wird «Außen»-Seite genannt.

Los

Regel 6
Vor Beginn eines Spiels losen die beiden Gegner. Der Gewinner des
Loses hat das Recht:
a) den ersten Aufschlag zu machen, oder
b) den ersten Aufschlag nicht zu machen, oder

c) die Seite zu wählen.
Dem Verlierer des Loses verbleibt danach die Wahl zwischen jeder übrigen Möglichkeit.

Zählen der Punkte

Regel 7
a) Die Sätze in den Doppeln und in den Herreneinzeln werden je nach Vereinbarung zu 15 oder 21 Punkten gespielt. Wenn in einem Satz zu 15 Punkten das Ergebnis 13 beide lautet, ist es der Seite, die zuerst 13 Punkte erreichte, freigestellt, den Satz auf 5 zu setzen. Wenn der Satz 14 beide lautet, hat die Seite, die zuerst 14 erreichte, die Wahl, den Satz auf 3 zu setzen. Nachdem der Satz gesetzt ist, heißt das Ergebnis «Null beide». Die Seite, die zuerst 5, falls der Satz bei 13 gesetzt wurde, oder entsprechend 3 Punkte, falls der Satz bei 14 gesetzt wurde, erreicht hat, ist Gewinner. In beiden Fällen muß der Anspruch auf «Setzen» eines Satzes vor dem nächsten Aufschlag geltend gemacht werden, der auf das Ergebnis 13 oder 14 beide folgt. Bei einem Satz zu 21 Punkten entsprechen die Punktzahlen 19 und 20 denen von 13 und 14.
b) Die Sätze im Dameneinzel werden zu 11 Punkten gespielt. Wenn das Ergebnis 9 beide lautet, hat die Spielerin, die zuerst 9 Punkte erreichte, die Wahl, den Satz auf 3 zu setzen. Wenn das Ergebnis 10 beide lautet, hat die Spielerin, die zuerst 10 Punkte erreichte, die Wahl, den Satz auf 2 zu setzen.
c) Hat eine Seite bei der ersten Gelegenheit abgelehnt, den Satz zu setzen, ist sie nicht davon ausgeschlossen, den Satz zu setzen, falls sich eine zweite Gelegenheit dazu bietet.
d) In Handikap-Spielen ist Setzen nicht erlaubt.

Seitenwechsel

Regel 8
Falls nicht anders vereinbart, tragen die Gegner zwei Gewinnsätze aus. Die Spieler wechseln die Seiten bei Beginn des zweiten und bei Beginn des dritten Satzes (falls solcher ausgetragen wird). Im dritten Satz werden die Seiten gewechselt, wenn die führende Seite folgende Punktzahlen erreicht hat:
a) 8 in einem Spiel zu 15 Punkten
b) 6 in einem Spiel zu 11 Punkten

c) 11 in einem Spiel zu 21 Punkten
oder wenn in Handikap-Spielen eine Seite die Hälfte der Punktzahl
erreicht hat, die zum Gewinn des Spiels erforderlich ist. Wenn nur ein
Satz vereinbart ist, werden die Seiten wie in einem dritten Satz gewechselt.

Wenn die Spieler es versäumen, die Seiten gemäß dieser Regel zu
wechseln, müssen die Seiten unmittelbar nach Erkennen des Fehlers
gewechselt werden. Die bis dahin erreichte Punktzahl bleibt bestehen.

Doppelspiel

Regel 9
a) Nachdem entschieden ist, welche Seite den ersten Aufschlag hat,
beginnt der Spieler im rechten Aufschlagfeld der betreffenden Seite
das Spiel. Er schlägt den Federball zu dem gegnerischen Spieler im
diagonal gegenüberliegenden Aufschlagfeld. Schlägt dieser gegnerische Spieler den Federball zurück, bevor er den Boden berührt hat, so
ist der Federball von einem der Spieler der «Innen»-Seite zurückzuschlagen, dann wieder von einem Spieler der «Außen»-Seite und so
weiter, bis ein Fehler gemacht wird oder der Federball nicht mehr «im
Spiel» ist (siehe Ziffer 9b). Wird von der Innenseite ein Fehler gemacht, geht das Aufschlagrecht verloren, da die Seite, die das Spiel
beginnt, nur einmal das Aufschlagrecht hat (siehe Regel 11). Der
Spieler im rechten Aufschlagfeld der gegnerischen Seite hat nun den
Aufschlag. Wird jedoch der Federball nicht zurückgeschlagen oder
von der «Außen»-Seite ein Fehler gemacht, gewinnt die «Innen»-Seite
einen Punkt. Die Spieler der «Innen»-Seite wechseln daraufhin von einem Aufschlagfeld zum anderen. Nun wird der Federball vom linken
Aufschlagfeld zu dem gegnerischen diagonal gegenüberliegenden
Aufschlagfeld gemacht.

Solange eine Seite «Innen»-Seite bleibt, wird der Aufschlag abwechselnd von jedem Aufschlagfeld zu dem diagonal gegenüberliegenden
gemacht. Der Wechsel der «Innen»-Seite erfolgt dann, und nur dann,
wenn ein Punkt erzielt wurde.

b) Der erste Aufschlag der Seite, die das Aufschlagrecht neu erworben hat, wird stets vom rechten Aufschlagfeld ausgeführt. Ein Aufschlag ist ausgeführt, sobald der Federball vom Schläger des Aufschlagspielers berührt wird. Damit ist der Federball so lange «im
Spiel», bis er den Boden berührt, ein Fehler gemacht wird, eine Wie-

derholung gegeben wird oder die Regel 19 anzuwenden ist. Nach ausgeführtem Aufschlag können sowohl der Aufschlagspieler als auch der Spieler, dem der Federball zugespielt wurde, ohne Rücksicht auf die Begrenzungslinien jeden Platz auf ihrer Seite des Netzes einnehmen.

Regel 10
Nur der Spieler, dem der Aufschlag zugespielt wird, darf den aufgeschlagenen Federball annehmen; wird aber der aufgeschlagene Federball von dessen Partner berührt oder geschlagen, gewinnt die «Innen»-Seite einen Punkt. Kein Spieler darf in einem Spiel zwei hintereinander folgende Schläge annehmen, vorbehaltlich der Regel 12.

Regel 11
Bei Beginn des Spiels (Satzes) hat nur ein Spieler der den ersten Aufschlag ausführenden Seite das Aufschlagrecht. Nachher und nach jedem Aufschlagwechsel haben die beiden Partner einer Seite hintereinander je einmal das Aufschlagrecht. Die ein Spiel (Satz) gewinnende Seite hat immer den ersten Aufschlag im folgenden Satz. Dabei darf jeder der Gewinner aufschlagen und jeder der Verlierer den Federball annehmen.

Regel 12
Wenn ein Spieler außer der Reihe oder vom falschen Aufschlagfeld aus aufschlägt (auf Grund einer Verwechslung des Aufschlagfelds, von dem aus aufgeschlagen werden mußte) und seine Seite den Ballwechsel gewinnt, wird dieser Ballwechsel wiederholt. Voraussetzung ist jedoch, daß reklamiert und eine Wiederholung gestattet wurde oder durch den Schiedsrichter bestimmt wird, bevor der nächste Aufschlag ausgeführt wird.
Nimmt ein Spieler, der im falschen Aufschlagfeld steht, einen Aufschlag an, und seine Seite gewinnt den Ballwechsel, wird dieser Ballwechsel wiederholt. Voraussetzung wie vorher. Falls in einem der beiden vorstehenden Fälle die Seite, die den Fehler gemacht hat, den Ballwechsel verliert, bleibt dieser Irrtum bestehen. Die falschen Positionen der Spieler werden für den Rest des Satzes nicht geändert.
Wenn ein Spieler unbeabsichtigt vom falschen Aufschlagfeld aus gespielt hat und sein Versehen erst nach dem nächstfolgenden Aufschlag festgestellt wird, bleibt der Irrtum bestehen. Eine Wiederholung des Ballwechsels ist in diesem Falle nicht zulässig. Die falsche Position wird für den Rest des Satzes nicht geändert.

Einzelspiel

Regel 13
Im Einzelspiel gelten die Regeln 9 bis 12 mit folgenden Ausnahmen:
a) Die Spieler schlagen und empfangen den Aufschlagball im rechten
Aufschlagfeld, wenn die Punktzahl des Aufschlagspielers «0» oder eine gerade Zahl ist. Dagegen schlagen und empfangen sie den Aufschlagball im linken Aufschlagfeld, wenn die Punktzahl des Aufschlagspielers eine ungerade Zahl ist. Setzen unterbricht diese Folge
nicht.
b) Beide Spieler wechseln die Aufschlagfelder nach jedem erreichten
Punkt.

Fehler

Regel 14
Wenn ein Spieler der «Innen»-Seite einen Fehler macht, verliert er das
Aufschlagrecht. Macht dagegen ein Spieler der «Außen»-Seite einen
Fehler, gewinnt die «Innen»-Seite einen Punkt.
Es ist ein Fehler, wenn
a) beim Aufschlag
– der erste Berührungspunkt mit dem Federball nicht die Basis des
  Federballes ist, oder
– sich ein Teil des Federballes im Augenblick der Ausführung des
  Schlages über der Taille des Aufschlägers befindet, oder
– im Augenblick des Schlages der Schlägerschaft nicht in eine Ab-
  wärtsrichtung zeigt, bei der der gesamte Kopf des Schlägers sich er-
  kennbar unter der schlägerführenden Hand des Aufschlägers befindet;
b) beim Aufschlag der Federball in das falsche Aufschlagfeld gelangt
(d. h. nicht in das diagonal gegenüberliegende Feld) oder vor die vordere Aufschlaglinie bzw. hinter die hintere Aufschlaglinie bzw. außerhalb der seitlichen Begrenzungslinien des Aufschlagfeldes fällt, in das
der Aufschlag auszuführen ist;
c) die Füße des aufschlagenden Spielers nicht in dem Aufschlagfeld
stehen, von dem aus aufgeschlagen werden muß, oder die Füße des den
Aufschlag empfangenden Spielers nicht dem diagonal gegenüberliegenden Aufschlagfeld stehen, bis der Aufschlag ausgeführt ist (siehe
Regel 16);

d) einer der Spieler zu täuschen versucht oder anderweitig absichtlich seinen Gegner täuscht, nachdem der Aufschlag einmal begonnen worden ist, oder wenn ein Spieler vorsätzlich den Aufschlag oder die Bereitschaft zur Annahme des Aufschlages verzögert, um sich dadurch einen unfairen Vorteil zu verschaffen (der Aufschlag beginnt mit der ersten Vorwärtsbewegung des Schlägers des Aufschlagenden, nachdem Aufschläger und Aufschlagempfänger ihre Positionen zum Aufschlagen bzw. zum Empfang des Aufschlages eingenommen haben; der Aufschlag darf nach dem Beginn nicht unterbrochen werden);

e) der Federball beim Aufschlag oder während des Spieles außerhalb der Spielfeldgrenzen fällt, durch oder unter das Netz geschlagen wird, nicht ungehindert am Netz vorbeifliegt, die Decke oder die Seitenwände des Spielraumes bzw. den Körper oder die Bekleidung eines Spielers berührt (fällt der Federball auf eine Begrenzungslinie, so gilt er als in das von dieser Linie begrenzte Feld gefallen);

f) im Spiel sich der Anfangsberührungspunkt mit dem Federball nicht auf der Seite des Netzes des Schlagenden befindet (der Schlagende darf jedoch im Verlauf eines Schlages mit seinem Schläger dem Federball über das Netz folgen);

g) ein Spieler das Netz oder dessen Haltevorrichtungen mit dem Schläger, seinem Körper oder seiner Bekleidung berührt, während sich der Federball «im Spiel» befindet;

h) der Federball während der Ausführung des Schlages am Schläger gehalten wird (d. h. angehalten oder geworfen); oder wenn der Federball zweimal nacheinander vom gleichen Spieler mit zwei Schlägen getroffen wird; oder wenn der Federball nacheinander von einem Spieler und seinem Partner getroffen wird;

i) während des Spiels ein Spieler den Federball berührt (sofern er diesen nicht fehlerfrei zurückschlägt) oder vom Federball berührt wird, wobei es gleichgültig ist, ob der Spieler innerhalb oder außerhalb des Spielfeldes steht;

j) ein Spieler seinen Gegner behindert;

k) gegen Regel 16 verstoßen wird;

l) ein Spieler sich nach Regel 21 krassen oder beharrlich schlechten Verhaltens schuldig macht.

Allgemeines

Regel 15
Der Aufschlagspieler soll erst dann den Federball aufschlagen, wenn
sein Gegner bereit ist. Der Gegner ist als bereit anzusehen, wenn von
ihm der Rückschlag des Aufschlags versucht wird.

Regel 16
Der Aufschlagspieler und der Aufschlagempfänger müssen innerhalb
der entsprechenden Grenzen ihrer Aufschlagfelder (begrenzt von der
vorderen und hinteren Aufschlaglinie sowie von der Mittel- und Seitenlinie) stehen, und irgendein Teil beider Füße dieser Spieler muß so
lange mit dem Boden in ruhiger Stellung in Berührung bleiben, bis der
Aufschlag ausgeführt worden ist. Steht ein Fuß des Aufschlagspielers
oder des Aufschlagempfängers auf einer Linie oder berührt er diese, so
gilt dieser als außerhalb des Aufschlagfeldes stehend (siehe Regel 14 c).
Die entsprechenden Partner können jede Stellung einnehmen. Sie dürfen jedoch den Gegner weder in der Sicht noch sonst behindern.

Regel 17
a) Wenn der Federball das Netz berührt, wird der Aufschlag nicht
wiederholt, vorausgesetzt, daß der Aufschlag sonst in Ordnung war.
Wenn der Federball während eines Ballwechsels das Netz berührt und
dieses dabei noch überfliegt, ist der Schlag gültig. Ein Rückschlag ist
gültig, wenn der Federball, der außen an einem Pfosten vorbeige-
schlagen wird, in das gegnerische Spielfeld oder auf seine Begrenzungslinien fällt. Eine Wiederholung kann vom Schiedsrichter für jede
zufällige und ungewollte Behinderung gegeben werden.
b) Wenn ein Federball beim Aufschlag oder Ballwechsel, nachdem er
das Netz überflogen hat, sich im oder am Netz verfängt, ist der Aufschlag zu wiederholen.
c) Wenn dem Aufschlagnehmer wegen Sich-Bewegens, bevor der
Aufschlag ausgeführt ist, ein Fehler gegeben wird, oder weil er sich
nicht im richtigen Aufschlagfeld befindet (siehe Regel 14 c oder 16),
und gleichzeitig dem Aufschläger wegen Übertretung der Aufschlagregeln ein Fehler gegeben wird, so ist «Wiederholung» zu geben.
d) Wenn eine Wiederholung anfällt, gilt der zuletzt ausgeführte Aufschlag nicht mit. Der Spieler, der diesen Aufschlag hatte, wiederholt
ihn, ausgenommen die Anwendung der Regel 12 ist möglich.

Regel 18
Wenn ein Spieler den Federball beim Aufschlag nicht trifft, so ist dies kein Fehler. Berührt hierbei jedoch der Schläger den Federball, so gilt der Aufschlag als ausgeführt.

Regel 19
Wenn im Spiel der Federball das Netz berührt hat und darin hängengeblieben ist oder gegen das Netz geschlagen wurde und auf das Spielfeld des Schlagenden zurückfällt oder den Boden außerhalb des Spielfelds berührt hat, und sodann der Gegner das Netz oder den Federball mit seinem Körper oder Schläger berührt, ist dies kein Fehler, da der Federball dann nicht mehr «im Spiel» ist.

Regel 20
Wenn ein Spieler die Gelegenheit hat, nahe am Netz den Federball nach unten zu schlagen, darf der Gegner seinen Schläger nicht mit der Absicht in der Nähe des Netzes halten, den Federball zurückprallen zu lassen. Dies ist eine Behinderung im Sinne der Regel 14 j.
Der Spieler darf jedoch seinen Schläger hochhalten, um sein Gesicht zu schützen. Er darf aber dabei seinen Gegner nicht täuschen.

Regel 21
Wenn ein Spieler absichtlich die Geschwindigkeit des Federballes verändert oder sich in beleidigender Weise benimmt oder schlechten Verhaltens schuldig ist, muß der Schiedsrichter – soweit es nicht durch eine andere Regel abgedeckt ist –
a) eine Verwarnung an den Spieler aussprechen und
b) einen Fehler geben, wenn er weiterhin empörend oder hartnäckig bei seinem Verhalten bleibt.
Wenn der Spieler, nachdem der Schiedsrichter nach dem oben genannten Buchstaben b) gehandelt hat, fortfährt, die Regel 21 zu verletzen, kann der Schiedsricher den Verstoß dem Oberschiedsrichter melden. Der Oberschiedsrichter hat das Recht, die Seite, die gegen die Regel verstößt, zu disqualifizieren.

Regel 22
Der Schiedsrichter ist verpflichtet, «Fehler» oder «Wiederholung» zu rufen, sobald hierzu Veranlassung besteht, ohne von den Spielern darauf aufmerksam gemacht zu werden. Er hat seine Entscheidung bei

einer auftretenden Zweifelsfrage zu treffen, falls er dazu vor Beginn des nächsten Aufschlages ersucht wird. Er ist ferner berechtigt, für ein Spiel Linienrichter und Aufschlagrichter einzusetzen. Die Entscheidung des Schiedsrichters ist endgültig, er muß jedoch die Entscheidung eines Linienrichters oder Aufschlagrichters aufrechterhalten. Dieses entbindet den Schiedsrichter jedoch nicht davon, bei Erkennen eines Fehlers des Aufschlägers oder des Aufschlagnehmers entsprechend selbst zu entscheiden. Wenn ein Oberschiedsrichter bestellt ist, ist dieser nur in Fragen der Regelauslegung zuständig.

Fortgesetztes Spiel

Regel 23

a) Das Spiel wird ununterbrochen vom ersten Aufschlag bis zum Ende des Kampfes fortgesetzt. Es dürfen nur folgende Ausnahmen zugelassen werden:

– Bei den internationalen Wettbewerben kann zwischen dem zweiten und dritten Satz eines Spieles eine Pause von nicht länger als fünf Minuten gestattet werden.

– In Ländern, in denen es die Bedingungen erforderlich machen, kann entweder nur beim Einzel oder beim Doppel oder bei beiden auf Grund einer vorher veröffentlichten Genehmigung des zuständigen Nationalverbandes zwischen dem zweiten und dritten Satz eines Spieles eine Pause von nicht länger als fünf Minuten gestattet werden. (Im Gebiet des DBV kann zwischen dem 2. und 3. Satz eine Pause von 5 Minuten eingelegt werden.)

– Der Schiedsrichter ist berechtigt, das Spiel so lange zu unterbrechen, als besondere Umstände, die außerhalb der Gewalt eines Spielers stehen, dies seinem Ermessen nach erfordern.

Wird ein Spiel unterbrochen, bleibt die bis dahin erreichte Punktzahl bestehen. Das Spiel wird mit dieser Punktzahl fortgesetzt.

b) Unter keinen Umständen darf ein Spiel unterbrochen werden, um einem Spieler die Möglichkeit zu geben, sich zu erholen oder Luft zu sammeln und Instruktionen oder Ratschläge einzuholen.

c) Mit Ausnahme der oben vorgesehenen Pause darf kein Spieler vor Ende des Kampfes das Spielfeld ohne Einwilligung des Schiedsrichters verlassen.

d) Der Schiedsrichter hat die alleinige Entscheidungsgewalt über die Unterbrechung eines Spieles. Er hat außerdem das Recht, einen gegen diese Regel verstoßenden Spieler zu disqualifizieren.

Anschriften des DBV und ÖBV

Deutscher Badminton-Verband e. V.
Haus des Sports, Südstraße 25, 45470 Mülheim/Ruhr,
Tel. 0208/34037 und 308270

Landesverbände

Baden-Württemberg
Monika Kniepert
Oberachernstraße 10b
77855 Achern 2
Telefon: 07841/25503
Telefax: 07841/7357

Bayern
Eva Oswald
Georg-Brauchle-Ring 93
80992 München
Telefon: 089/15702302
Telefax: 089/15702338

Berlin
Bismarckallee 2
14193 Berlin
Telefon: 030/8914080
Telefax: 030/8934814

Brandenburg
Rena Eckart
Am Luftschiffhafen 2
14471 Potsdam
Telefon: 0331/619659

Bremen
Jens Kaspuhl
Paul-Klee-Straße 52
27753 Delmenhorst
Telefon: 04221/87173
Telefax: 04221/88393

Hamburg
Michael Keller
Von-Essen-Straße 58
22081 Hamburg
Telefon: 040/2992548
Telefax: 040/2994358

Hessen
Elke Enders
Hainstraße 14
63477 Maintal
Telefon: 06181/81848
Telefax: 06181/81133

Mecklenburg-Vorpommern
Sporthalle I
Max-Planck-Straße
17491 Greifswald
Telefon: 03834/811464
Telefax: 03834/815168

Niedersachsen
Lothar Bollin
Maschstraße 20
30169 Hannover
Telefon: 0511/9800120
Telefax: 0511/888983

Nordrhein-Westfalen
Südstraße 25
45470 Mülheim an der Ruhr
Telefon: 0208/360834
Telefax: 0208/380122

Rheinhessen-Pfalz
Peter Jacobs
Offsteiner Straße 12
67246 Dirmstein
Telefon: 06238/3520
Telefax: 06238/3520

Rheinland
Horst Funke
Grüner Weg 5
53572 Unkel-Scheuren
Telefon: 02224/4405
Telefax: 02224/2254

Saarland
Heinz Czepull
Saaruferstraße 16
66117 Saarbrücken
Telefon: 0681/5860322–3
Telefax: 0681/5860339

Sachsen
Helmar Schröter
Leipziger Straße 135
04442 Zwenkau
Telefon: 034203/52429

Sachsen-Anhalt
Marion Lizon
Ludwigstraße 28
06110 Halle
Telefon: 0345/5501276
Telefax: 0345/5501276

Schleswig-Holstein
Horst Samuelson
Südring 18
24147 Klausdorf
Telefon: 0431/791319
Telefax: 0431/790498

Thüringen
Wiesestraße 149
07548 Gera
Telefon: 0365/38611
Telefax: 0365/25622

Österreichischer Badminton Verband
Sagedergasse 10–12, A-1120 Wien

Literaturhinweise

ANDERSON, BOB: Stretching. – Bolinas: Shalter Publications 1980.

Asian Badminton Confederation (Hrsg.): First Coaching Seminar at Peking, China, March 26 to April 2, 1977. – Kuala Lumpur 1978.

ASTRAND / RODAHL: Textbook of Work Physiology. – New York: McGraw-Hill 1977.

BARTH, BERNDT u. a.: Fechten. – Berlin (DDR): Sportverlag 1979.

BLUME, GÜNTER: Volleyball. Training, Technik, Taktik. – Reinbek 1974[7].

BOECKH-BEHRENS, UWE-WEND / DBV-Lehrausschuß: Unterlagen für die Trainerseminare 77/78/79 (Vervielfältigung).

DBV-Lehrausschuß / MAYWALD / ZWIEBLER (Hrsg.): Badminton in Schule und Verein (1979).

Deutscher Badminton-Verband: Badminton-Spielregeln. – Lübeck: Sportverlag Oskar Klokow 1980.

DICK, HANS-PETER: Zur Trainingsgestaltung im Badminton auf der Grundlage einiger Leistungsmedizinischer und Trainingswissenschaftlicher Erkenntnisse. In: Leistungssport 3/84, 19–26.

DONSKOI, D. D.: Grundlagen der Biomechanik. – Berlin (DDR): Sportverlag 1975.

GOODWIN, MIKE: East-West: Can we compete on equal terms? In: Badminton Gazette Nov. 1976.

GOWITZKE, B. A.: Biomechanical Principles applied to Badminton Strokes. – In: J. Terauds: Science in Racquet Sports. Del Mar: Academic Publishers 1979.

GOWITZKE / WADDELL: Technique of Badminton Stroke Production. – In: J. Terauds: Science in Racquet Sports.

HARRE, DIETRICH: Trainingslehre. – Berlin (DDR): Sportverlag 1975.

HINRICHS, H. U.: Sportverletzungen. Reinbek 1986.

HOLLMANN / HETTINGER: Sportmedizin. – Stuttgart: Schattauer 1980.

JONATH, U. (Hg.): Lexikon Trainingslehre. Reinbek 1988.

KOEPKE / NIESNER: Die Bedeutung des Taktiktrainings in den Individuellen Rückschlagsportarten. In: Leistungssport 1/84, 39–46.

KNEBEL, KARL-PETER: Funktionsgymnastik. Reinbek 1985

KONZAG, GERD u. a.: Übungsformen für die Sportspiele. – Berlin (DDR): Sportverlag 1979.

KREIGHBAUM / BARTELS: A Qualitative Approach for Studying Human Movements. – Minneapolis: Burgess Publishing Co. 1981.

LUTTGENS / WELLS: Kinesiology: Scientific Basis of Human Motion. –
New York: CBS Colleg Publishing 1982.

LETZELTER, MANFRED: Trainingsgrundlagen. Training, Technik, Taktik. – Reinbek 1975[9].

LETZELTER, HELGA U. MANFRED: Krafttraining. Reinbek 1986.

MARTIN, DIETRICH: Grundlagen der Trainingslehre, Teil I und II. –
Schorndorf: Hofmann 1979 und 1980.

MEINEL, KURT: Bewegungslehre. – Berlin (DDR): Volk und Wissen
1977.

NBV-Lehrausschuß (Hrsg.): Unterlagen für die Übungsleiterausbil-
dung 1977 (Vervielfältigung).

NIESNER / BETHGE: Badminton-spezifisches Circuit-Training (Vervielfältigung, undatiert).

NIESNER / RANZMAYER: Zur Bewegungsstruktur des Vorhand-Über-
kopfschlages. In: Badminton-Sport 12/1981 und 5/1982, 15–17.

NIESNER / RANZMAYER: Basic theory of stroke production (Vervielfältigung für: IIIrd European Coaching-Seminar, Böblingen 1982).

NIESNER / RANZMAYER: Zur Frage der optimalen Schlägerhaltung. In:
Badminton-Sport 3/85, 14–16.

NIESNER / RANZMAYER: Zur spezifischen Vorbereitung auf Training und
Wettkampf. In: Badminton-Sport 12/82.

ÖBV-Trainerausschuß (Hrsg.): Unterlagen für die Lehrwarteausbildung 1978/79 (Vervielfältigung).

ÖBV-Trainerausschuß / RANZMAYER: Unterlagen für die Übungsleiter-
ausbildung 1979 (Vervielfältigung).

RANZMAYER, JÜRGEN H.: Wrist snap – myth or reality? In: Badminton
Gazette Februar 1977.

SCHOLICH, MANFRED: Kreistraining. – Berlin: Bartels und Wernitz
1974.

TITTEL, KURT: Beschreibende und funktionelle Anatomie des Menschen. – Jena: Gustav Fischer 1976.

Über die Verfasser

Dr. Jürgen H. Ranzmayer (Foto rechts), Jahrgang 1942, besitzt die staatliche österreichische Trainerlizenz für Badminton und war viele Jahre im Ausbildungssektor tätig. Nach längerem studien- und berufsbedingtem Aufenthalt im Ausland (davon drei Jahre in Japan) kehrte er 1976 nach Österreich zurück. Bis 1979 trainierte er die Staatsligamannschaft BSC 70 Linz und war Verbandstrainer des Oberösterreichischen BV. Von 1979 bis 1982 war er nebenamtlicher Trainer des ÖBV; er leitete die Übungsleiter- und Lehrwarteausbildung dieses Verbandes und war Vorsitzender des Trainerreferates. Als Fachpublizist ist er mehrfach hervorgetreten; Artikel von ihm erschienen u. a. in der englischen «Badminton Gazette», im IBF-Organ «World Badminton» und im «Badminton Sport» (mit Hans Werner Niesner). Seit 1983 lebt und arbeitet er wieder in Japan.

Hans Werner Niesner (Foto links), Jahrgang 1947, ist A-Lizenztrainer des Deutschen Badminton-Verbandes und Inhaber der staatlichen österreichischen Trainerlizenz für Badminton. 1975 startete er eine «Fachausbildung Badminton» an der TU Braunschweig und ist seitdem in der Aus- und Fortbildung von Sportlehrern tätig. Von 1977 bis 1983 war er als nebenamtlicher Trainer für den Österreichischen Badminton-Verband tätig, gleichzeitig Spielertrainer der Bundesligamannschaft des VfL Wolfsburg (Deutscher Vizemeister 1979/80). Seit 1982 ist er ständig als «Senior-Coach» bei der jährlich stattfindenden Summer-School der Europäischen Badminton-Union dabei und als Fachpublizist mehrfach zusammen mit J. H. Ranzmayer und D. Koepke aufgetreten. Seit dem 1.1.1984 ist Hans Werner Niesner hauptamtlicher Bundestrainer des DBV.

Sachregister

Abwehr 72 ff
–, flache 73
–, flach/scharfe 74
–, hohe 74
–, kurze 73
Angriff 118, 120 f, 123 ff, 132 ff
Angriffs-Clear 42 f
Aufschlag, flach/weit 42 f
–, hoch 42 f, 45 f
–, kurz 42 f, 47
–, Swip 42 f, 48
Aufschlagannahme 123 f, 130 ff
Aufschlaglinie, hintere 15
–, vordere 15
Aufwärmen 27
Ausbildung, allgemein 26
–, speziell 26
Ausdauer 135 f, 140 ff
–, aerob 135, 141 f
–, allgemein 140, 142
–, anaerob 136, 141 f
–, speziell 140, 142
Ausfallschritt 78
Ausholphase 44
Ausklang 27
Ausschwungphase 44
Automatisation 93, 94

Badmintonrahmen 16 f
Badmintonsaite 17 f
Balance 16 f
Ballgewöhnungsübungen 95
Ballmaschine 160 ff
Basisgriff 38, 39
Belastungsgrößen 137 f
Beschleunigungsweg, optimaler
    33 f

Beweglichkeit 136
Bewegungsentwurf 91
Bewegungsreiz 22 f
Biomechanik 33 ff

Circuittraining 144 f, 147 f
–, badmintonspezifisches 148 ff
Clear 42 f
–, normal 42

Damen-Doppel 130
Dauer 137
Dauerlauf 144 ff
Dauermethode 138
Doppelspiel 121 ff
dorsal 31
Drive 42 f, 64 f
Drop 42 f
Drop-Test 163 f

Einschlagen 27 f

Fähigkeiten, koordinative 136,
    143
Federball 18 f
Fehlerkorrektur 91 f
Feinformung 92
Feinstformung 92 f
Flexibilität 136, 143

Gemischtes Doppel 130 ff
Geschicklichkeitsübungen 95
Gewandtheit 136
Gewichtsverlagerung 45, 46, 51,
    75, 82
Griffvarianten 31 f
Grobformung 92

Grundlinie 15
Grundstellung 39 f

Handgelenk 31
Hauptteil 27
Heben 42 f, 70
‹Hintereinander›-Stellung 122

Intensität 137
Intervallmethode 138 f
–, extensive 138
–, intensive 138 f

Jahresplanung 25

Knie und Hüfte, Vorbringen von
    45, 47, 51, 56
Kombinationstraining 110 ff
Komplextraining 156 ff
Kondition 135 ff
Kraft 136, 142 f
Kraftausdauer 136
Kunstsaite 17
Kunststoffball 18

Lauftechnik 76 ff
Lauftraining 144, 153 ff
Life-time-Sport 14
Links vom Kopf 41

Maximalkraft 136
Maximaltest 148
Milchsäure 136, 141 f

Naturdarmsaite 17
‹Nebeneinander›-Stellung 122

palmar 31
Periodisierung 24

‹Polizistenspiel› 110, 153 f
Position, zentrale 77
Pronation 32

radial 31
Reaktionsschnelligkeit 143
Rebound-Effekt 33
Reihe, methodische 93, 95 ff
Rückhandschlag 41, 42
Rückhand-Überhandschlag 58 f
Rückhand-Unterhandschlag 62 f

Schattenbadminton 150, 154
Schlagarten 42 ff
Schlägerhaltung 36 ff
Schlagphase 44
Schlagtechnik 48 ff
Schleife 35 f
Schneiden 71 f
Schnelligkeit 136, 143
Schnellkraft 136
Schwelle, anaerobe 141 f, 146
Seilspringen 144, 152 f
Seithand 41
Smash 42 f
Smash-Test 163
Spiel am Netz 42 f, 66 ff, 79
Spiele unter Erschwerung 164 ff
Spielfähigkeit, komplexe 106 f
Spielfeld 14 f
Spielgerät 16 ff
Spielidee 14
Spielsysteme 130 ff
Stabilisierung 94
Stechen 72
Stemmschritt 82
Stretching 26
Superkompensation 23 f
Supination 32

Täuschung 75

Taktik 115 ff

– des Einzelspiels 119 ff

– des Doppelspiels 121 ff

– des Gemischten Doppels 130 ff

Tarnung 75

Technik 29 ff

Techniktraining 91 ff

‹Töten› 42, 66 f

Training 21 ff

Trainingseinheit 26 f

Trainingslehre 21 ff

Treffbereiche 41 f

Treffgenauigkeit 34

Üben 22

Übergangsperiode 25

Überhand 41

Überkopf 41

ulnar 31

Umfang 137

Umlernen 94

Umsprung 84 f

Unterarm 32

Unterhand 41

Verteidigungs-Clear 42 f

‹Viererrhythmus› 98

Vorbereitungsperiode 24

Vorhandschlag 41, 42

Vorhandschlag links vom Kopf 56 f

Vorhand-Überhandschlag 53 ff

Vorhand-Überkopfschlag 50 ff

Vorhand-Unterhandschlag 60 f

Wechsel, diagonal 129

– von Angriff in Abwehr 128

– von Abwehr in Angriff 127

Wettkampfperiode 24 f

Wiederholungsmethode 139

Wischen 42, 68 f, 72

Fußball-Funktionsgymnastik
von Karl-Peter Knebel / Bernd
Herbeck / Gerhard Hamsen
(rororo sport 8631)

Fußball-Jugendtraining
von Gerhard Hamsen / Jörg
Daniel
(rororo sport 8645)

Konditionstraining Fußball
von Norbert Auste
(rororo sport 8605)

Fußball
von Gero Bisanz / Gunnar
Gerisch
(rororo sport 7039)

Spieltraining Fußball
von Rolf Mayer
(rororo sport 8674)

Fußball Lesebuch
von Jürgen Stark / Klaus
Farin
(rororo sachbuch 8596)

Jonglieren mit dem Fußball
von Mark Steiger
(rororo sport 9404)

Basketball-Handbuch
von G. Hagedorn / D.
Niedlich / G. Schmidt
(rororo sport 7624)

Basketball-Technik
von G. Hagedorn
(rororo sport 8685)

Basketball
von Lothar Waldowski
(rororo sport 7023)

Volleyball-Handbuch
von E. Christmann / K. Fago /
DVV
(rororo sport 7640)

Volleyball
von Günter Blume
(rororo sport 7011)

Volleyball und Handball
von Günter Blume / Klaus
Lange
(rororo sport 7034)

Handball
von Hans-Dieter Trosse
(rororo sport 7004)

Handball-Praxis
von Hans-Dieter Trosse
(rororo sport 8630)

rororo sport wird herausgegeben von Bernd Gottwald. Ein
Gesamtverzeichnis der Reihe
finden Sie in der *Rowohlt
Revue*. Jedes Vierteljahr neu.
Kostenlos. In Ihrer Buchhand-
lung.

Zeichenerklärung

S S_1 S_2 Spieler (Übender)

P P_1 P_2 Partner (Zuspieler)

⎯⎯⎯⎯⎯⎯▶ Ballweg

– – – – – – ▶ Laufweg

①   ②   ③   Anspielpunkte

Treffbereiche

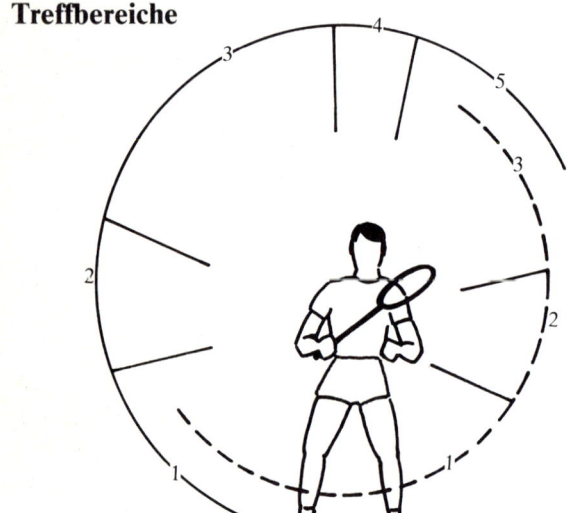

Vorhand ⎯⎯⎯   Rückhand – – – –

Vorhand	Rückhand
1 Unterhand	1 Unterhand
2 Seithand	2 Seithand
3 Überhand	3 Überhand
4 Überkopf	
5 Links vom Kopf	